Sogar die Hunde bellen anders

30 deutsch-deutsche Geschichten

Joh. Heinr. Meyer Verlag

Herausgeber: Frank Suplie
Redaktion: Dagmar Günther
Layout: Heidemarie Lehmann
Illustrationen: Ari Plikat
Umschlaggestaltung: KLAX, Braunschweig
Verlag: Joh. Heinr. Meyer, Braunschweig
Druck: braunschweig-druck GmbH, Braunschweig
ISBN: 3-926701-43-9

Inhaltsverzeichnis

Vorwort

Diese Sammlung von Geschichten aus der Feder von ost- und westdeutschen Schriftstellerinnen und Schriftstellern ist eine etwas andere Bilanz zum 10. Jahrestag der Wiedervereinigung. Dabei geht es in diesem Buch einmal nicht um den Vergleich von Wirtschaftsdaten und Angleichung der Lebensverhältnisse, sondern vor allem um Erlebnisse im deutsch-deutschen Alltag.

Die Geschichten handeln also auch von Vorurteilen, Verständigungsschwierigkeiten und Enttäuschungen. Sie beschreiben – mal aus Ostmal aus Westsicht – die Auswirkungen von unterschiedlichen, zum Teil sehr gegensätzlichen Erfahrungen in der Vergangenheit. Der Prozess des gegenseitigen Kennenlernens setzt sich aus vielen kleinen Begebenheiten zusammen und wird manchmal nüchtern und lakonisch, manchmal mit einem Augenzwinkern, mit ungläubigem Staunen, aber vor allem auch mit Ironie und Witz beschrieben. Die Fähigkeit, über sich selbst lachen zu können, sich selbst bisweilen nicht so wichtig zu nehmen, ist glücklicherweise bei vielen Autorinnen und Autoren recht ausgeprägt.

Erst im Lauf der Jahre ist wohl langsam bei den Beteiligten die Erkenntnis gewachsen, dass es Unterschiede und Fremdheiten zwischen Ost- und Westdeutschen gibt und erst allmählich wurde es als Aufgabe begriffen, damit ohne Herablassung und ohne Häme umzugehen.
Zehn Jahre nach der historischen Ausnahmesituation des Jahres 1990 gibt es also durchaus Anlass zur Hoffnung. Heute, nach zehn Jahren, sind wir besser in der Lage, die Verhältnisse zu analysieren und Ursachen für die noch bestehende Andersartigkeit auszumachen. In einer Zeit des schnellen Wandels, die im Osten längst begonnen hat, sind es einerseits die erfolgreich bestandenen Erfahrungen mit einer „modernisierten" ökonomisch-sozialen Realität, als auch für einen noch immer zu großen Teil die Erfahrungen mit Arbeitslosigkeit, die die Ostdeutschen gleichzeitig zu Gewinnern und Verlierern werden ließen. Diese ambivalenten Erfahrungen mussten in einer vormals auf schein-

bare Gleichheit ausgerichteten Gesellschaft zu Schwierigkeiten mit dem Selbstwertgefühl führen. Hinzu kam, dass die Westdeutschen durch die fast ausschließliche Beschäftigung mit der DDR als diktatorischem Unterdrückungsregime manchmal den Blick für die in dieser Zeit gelebten Biografien verloren hatten. Die Leistungen und die gelebten Leben jener Zeit wurden vielfach als Kuriositäten einer ausgestorbenen Kultur angesehen.

Nicht die Menschen aus der ehemaligen DDR sind gescheitert, sondern das politische System. Die meisten Bürgerinnen und Bürger haben – so viel steht fest – versucht, ein für sie „richtiges" Leben im falschen System zu führen.

Ich wünsche dieser kleinen Sammlung von authentischen Erlebnissen viele aufmerksame Leserinnen und Leser. Denn gerade in der sehr speziellen Situation des wiedervereinigten Deutschlands gilt: Neugier, Offenheit für andere Lebensentwürfe und die Bereitschaft zum Zuhören und Lernen fördern das Einfühlungsvermögen und beschleunigen das gegenseitige Verstehen und die nötige Toleranz – nach innen wie nach außen.

Gerhard Schröder, Bundeskanzler

Jens Sparschuh

Grenzübergang Friedrichstraße

Buchstäblich über Nacht, mit dem Fall der Mauer verwandelte sich im November 1989 der absurdeste Bahnhof vor aller Augen in das, was er in Wirklichkeit immer war: in ein Museum, in einen Ort versteinerter Geschichte. Er war zur Besichtigung freigegeben! Doch er wurde kaum besichtigt. Das Labyrinth hatte seine Schrecken verloren und war nur noch ein störender Steinhaufen auf dem schnellen Weg von Ost nach West und von West nach Ost. Bald wurden die Kontroll- und Absperranlagen abgebaut, der Irrgarten der Tunnel, Gänge und Türen demontiert, die Spuren der Vergangenheit verwischt. Und so verschwand dieser Bahnhof beinahe spurlos – ein Bahnhof, von dem ganz verschiedene Reisen ihren Ausgang nahmen: Reisen ohne Rückfahrkarte, Zeitreisen, Traumreisen, Tagtraumreisen...

Der Reisende versteht nur Bahnhof – der Rest der Lautsprecherdurchsage verzischt im pneumatischen Türöffnergeräusch. Die Halle hallt. Oben, unter der luftigen Kuppel aus Glas und Eisen, ist sie von Tauben bevölkert. Der Reisende, taub von Geräuschen, strebt nun treppab, ins Innere des Bahnhofs.

Ein Museum der besonderen Art! Die Erinnerungsstücke sind nicht in Vitrinen und Schaukästen ausgestellt; sie sind unsichtbar. Man schleppt sie im Kopf mit sich herum – und nur ein ungläubiges Kopfschütteln vermag sie zum Leben zu erwecken. Wie etwa den DDR-Kabarettsong aus dem Jahr des Mauerbaus 1961:

„Unser schönes Berlin wird sauber sein,denn wir haben den kalten Kriegern am Rhein ihre Menschenfalle verriegelt und mit rotem Wachs versiegelt. Ja, ja der helle Berliner sagt: Prima! Das reinigt so dufte das Klima! Es ziehen jetzt Ruhe und Frieden ein, und sauber, ja sauber wird unsre Heimat sein“.

Was neuerdings so tut, als sei es ein x-beliebiger Umschlagplatz für Nah-

und Fernverkehr, U- und S-Bahn: lange Jahre war es das gebrochene Herzstück einer in zwei Hälften zerbrochenen Stadt – Endstation Sehnsucht: Vom Westen her wegen des Intershops mit dem sagenhaft billigen Schnaps; vom Osten her endete die Reise meist früher, vor den Toren des Tränentempels. Dahinter: das alles verschlingende schwarze Loch im Universum des östlichen Weltbildes! Tante Lucie und Onkel Horst, der Westbesuch, wie sie, bis nächste Weihnachten wieder („Wir rufen nochmal an!"), im sicheren Gewahrsam des Westens verschwanden...

Nun ist zusammengewachsen, was zusammengehört: die siamesischen Zwillinge Ost-West. Die Spuren des einstigen Labyrinths sind ausgetilgt. Nur der Kenner nimmt noch den frischen Verputz, die ausgewechselten Kacheln wahr. Achtlos kann man nun die vollendete Vergangenheit mit Füßen treten, grenzen- und schrankenlos durch die Haupthalle schreiten, wo früher atemberaubend enge Gänge zwischen graugesprenkelten Sprelacartwänden, unter schräg angebrachten Spiegeln, vor klinkenlosen Klapptüren endeten... (Das hätte sich nicht mal Professor Johann Vollmer, einschlägig vorbelastet, träumen lassen, als er diesen Bahnhof in den siebziger Jahren des 19. Jahrhunderts entwarf; immerhin: ein Experte für Baukunst des Mittelalters!) Und gar kein Hinweisschild darauf, dass dies hier die historische Stätte meiner ersten Westreise war. „Führen Sie Wertgegenstände aus?“ – Ein Kopfschütteln und ein unverständliches: „Ja, mich selber“. – „Bitte, Sie können weitergehen.“

Ich gehe weiter und bin jetzt also in der Gegenwart – da, endlich, im Treppenbereich zu den U-Bahn-Schächten, entdecke ich die letzten noch lebenden Zeugen der jüngsten Vergangenheit: ausgemusterte Diensthunde der Grenztruppen der DDR. (Was mag nur aus ihren einstigen Herrchen, den kleinen grünen Männern, geworden sein?) Die Hunde versehen ihren schweren Dienst jetzt an der Seite und an der Leine pinkfarbener Punks. Statt des „Ihren Reisepass bitte“ heißt es nun, nicht weniger wegelagererhaft, „Haste mal ne Mark?“ Habe ich nicht, obwohl ich für diese Traum-Reise in die Vergangenheit schon mal eine Mark, als Eintrittsgeld, übrig haben sollte. Denn anders als in anderen Museen, wo die Zeit scheinbar zum Stillstand gebracht und ihre Exponate präpariert und konserviert werden, wird hier übermalt, überklebt und – überhaupt, das Leben geht weiter.

Bahnhof Friedrichstraße, dieses Museum, das keines ist, erinnert den staunenden Besucher daran, wie es mit der Historie bestellt ist: Sie hat einen dauerhaften, unverrückbar festen Platz in unserem Vergessen.

Aus: Jens Sparschuh „Ich dachte, sie finden uns nicht“, © 1997 by Verlag Kiepenheuer & Witsch Köln

Jens Sparschuh wurde 1955 in Karl-Marx-Stadt (heute Chemnitz) geboren. Er studierte von 1973 bis 1978 Philosophie/Logik in Leningrad. 1978 bis 1983 war er Assistent an der Humboldt-Universität, wo er 1983 promovierte. Seither lebt er als freiberuflicher Publizist und Schriftsteller in Berlin. Er veröffentlichte Kinderbücher und Hörspiele. Beim Verlag Kiepenheuer & Witsch erschienen u.a. „Der Schneemensch“ (1993), „Der Zimmerspringbrunnen. Ein Heimatroman“ (1995), „Der große Coup. Die geheimen Tage- und Nachtbücher des Johann Peter Eckermann“ (1996), „Lavaters Maske“ (1999). Die Geschichte „Grenzbahnhof Friedrichstraße“ ist in Auszügen dem Band „Ich dachte, sie finden uns nicht. Zerstreute Prosa“ entnommen (Verlag Kiepenheuer & Witsch Köln 1997).

Die doppelte Jutta

Die Stimme der Frau am Telefon ist fremd, ihr Name sagt mir nichts.
„Heißen Sie Jutta?" „Ja?"
„Haben Sie früher mal in der Greifswalder Straße gewohnt?"
„Ja?"
„Hier ist auch Jutta, die kleine Jutta, erinnerst du dich?" In der Sekundenpause danach schmelzen Jahrzehnte auf ein Gestern zusammen. Ein Haus, ein Treppenflur, eine große Wohnung mit zwei Eingängen. Die Nähmaschine, das Taftkleid, mein Taftkleid zur Einsegnung, der Insulaner verliert die Ruhe nicht, die Wechselstuben tauschen heute zum Kurs von eins zu vier. Das Kind, ein Mädchen mit Locken, klein an meiner Hand, niedliches Ding.
„Natürlich erinnere ich mich, du bist die kleine Jutta. Wie bist du bloß auf mich gekommen nach so langer Zeit?" Ich habe dich im Fernsehen gesehen, du hast darüber gesprochen, wie du dich fühlst nach der Vereinigung. Ich hab' dich gesucht, und jetzt habe ich dich gefunden, weißt du noch, dass ich dich immer die große Jutta genannt habe?"
„Ja, du wolltest nicht begreifen, dass eine andere ebenso heißt wie du, du warst ja erst vier. Deine Mutter hat mir jedes Mal eine Mark gegeben, wenn ich nachmittags auf dich aufgepasst habe."
„Wir müssen uns unbedingt treffen." Ich lege den Hörer auf, benommen von soviel Schicksal in einem einzigen Telefonat.
Vor achtunddreißig Jahren lebten zwei Berliner Familien Haus an Haus. Tür an Tür. Kleine Leute, denen der vergangene Krieg noch in den Knochen steckte. Man borgte sich gegenseitig Geld und Salz, hatte unterschiedliche Ansichten über die herrschenden Verhältnisse und feierte manchmal zusammen Silvester. Ich weiß noch, die Erwachsenen trugen Papierhüte, tranken Bier aus Flaschen mit Bügelverschluss, und mein Vater tanzte mit Frau Sontheimer Boogie-Woogie. Dass Sontheimers eher „westlich eingestellt" waren und meine Eltern in der SED, tat der Freundschaft keinen Abbruch. Außerdem hütete ich die kleine Jutta.

Eines Tages dann der Satz: „Sontheimers sind getürmt." Bei wem, sagte meine Mutter, soll ich mir jetzt die Bluse machen lassen aus der grünen Azetatseide, die ich mir extra von drüben besorgt habe, Frau Sontheimer konnte gut nähen, die hatte Schick, warum mussten die bloß nach dem Westen abhauen.
Wir sind in einem Café am Prenzlauer Berg verabredet. Ich bin eine Viertelstunde eher da, ein Knäuel aus Vorurteilen und Erfahrungen im Kopf. Vielleicht ist sie ein Westmensch mit Maske geworden, vielleicht haben wir uns nichts zu sagen. Ich erkenne sie an den dunklen Augen, eine mondäne Frau in einem roten Wollmantel. Sie hat all die Jahre in Bayern gelebt, verheiratet mit einem Bundeswehrpiloten, keine Kinder. Seit kurzem ist sie geschieden und wieder in Berlin. Wir sprechen wenig von früher, viel mehr über heute, und wie gut es ist, dass wir uns wiedergefunden haben, Mensch, Jutta. Wir erzählen uns alles, ohne Vorsicht, ohne Kalkül. Wir sind uns überhaupt nicht fremd nach fünfunddreißig Jahren in verschiedenen Deutschlands. Warum sind wir uns überhaupt nicht fremd, warum läuft hier nicht das Ossi-Wessi-Spiel, wo ist die Mauer im Kopf?

Zwei Wochen später lädt sie mich zu sich nach Hause ein, nach Schöneberg. Ihre Mutter ist zu Besuch. Diesmal reden wir über die Vergangenheit. Weißt du, sagt Frau Sontheimer, wir hätten dich schon früher gesucht, wir waren manchmal in Ost-Berlin noch während der Mauer, aber wir wollten euch keine Schwierigkeiten machen mit Westkontakten. Wir wussten ja nicht, was für einen Weg du genommen hast. Ihr musstet euch doch einrichten, es hätte ja ein Leben lang so bleiben können. Sag Lilli zu mir, Juttalein. Mein Gott, warst du dünn damals, an deinem Einsegnungskleid musste ich die Stellen ankrausen, wo der Busen sein sollte, damit es aussah als ob. Wir sind weggegangen aus der DDR, weil wir Angst hatten. Die Leute im Haus haben die Familie belauert, weil der Mann Grenzgänger war, weil er pendelte und in West-Berlin arbeitete. Neidische Nachbarn beobachteten aus den Küchenfenstern die Ankunft eines Kühlschranks, der aus dem Westen geliefert wurde. Manche sind dann allerdings gekommen, ihren Schnaps kalt zu stellen und sich Eiswürfel auszubitten, sogar der Volkspolizist aus dem Seitenflügel. In einem Hauseingang auf der gegenüberliegenden Straßenseite, schien ihnen, haben ständig zwei Männer gestanden und zu ihren Fenstern hochgeguckt. Wir hatten wahnsinnige Angst, sagt Lilli Sontheimer.
Ich erfahre etwas, das meine Mutter mir nie erzählt hatte. Sie hat mich am 17. Juni 1953 bei Sontheimers untergebracht. Ich schlief zwei Nächte dort. Meine Eltern fürchteten um meine Sicherheit, weil sie in der Partei waren. Angst unter deutschen Dächern, so und so.
Seit dem Anruf vor einem halben Jahr treffen wir uns öfter. „Baut die Mauer wieder auf“, steht in einem Fußgängertunnel in Berlin-Mitte, „Ostler raus“ an einer Häuserwand in Kreuzberg. Jutta und ich dazwischen. Unsere private kleine Wiedervereinigung ist zu schön, um wahr zu sein. Wir sind ein Volk, aber immer nur zu zweit.

Jutta Voigt wurde 1941 in Berlin, Prenzlauer Berg geboren, ist dort aufgewachsen und geblieben. Sie studierte Philosophie, wurde Journalistin, Filmkritikerin und Redakteurin bei „Sonntag“, „Freitag“, „Wochenpost“. Seit 1997 ist sie Reporterin im Berliner Büro von „Die Woche“. Ihre Reportagen erschienen auch in verschiedenen Anthologien und in eigenen Büchern: „Der Tiger weint“ (1997, Transit Buchverlag) und „Der Spleen von Berlin“ (1999, Verlag Das Neue Berlin). „Die doppelte Jutta“ wurde erstmals 1992 in „Die Zeit“ veröffentlicht.

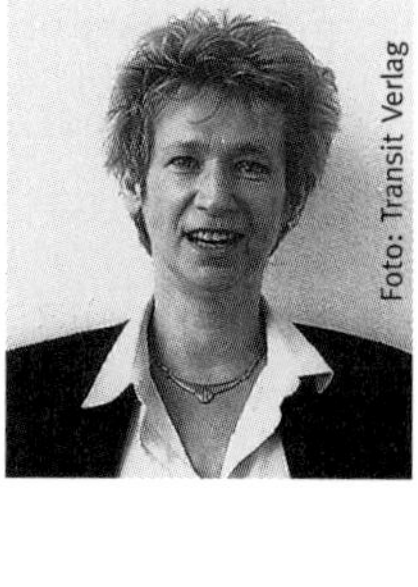
Foto: Transit Verlag

Pieke Biermann

Die Welt als Willi seine Vorstellung

Willi war der melancholischste Mensch, der uns je begegnet war. Und das Ganze sah anfangs aus wie ein spannendes Experiment mit der Ironie des umgekehrten Vorzeichens. Wir wohnen zur Miete im „Neuen Westen“, jenem Kiez entlang des Ku’damms, der nach dem ersten Weltkrieg als Lebens- und Arbeitsraum einer neuen Mittelklasse und einer nicht gerade bitterarmen Boheme blühen durfte. Die ihn prägten, waren oft aus dem Osten gekommen und hatten es geschafft. Zwischenstation Scheunenviertel. Jüdische Immigranten, deren neue Generation das shtetl abgestreift hatte und Großstadt ein- und ausatmete. Der Neue Westen war Gegenmodell – zu den großbürgerlich-adlig erstarrten Linden und den proletarischen und kleinbürgerlichen Quartieren. Luftige Straßen, luftige Wohnungen, Ateliers, Cafés, Betriebsamkeit, Straßenleben. Das kam dann auf die bekannte grausame Weise weg, ab 1933. Nach 1945 wurde der Neue Westen zur Mitte, von West-Berlin. Die Huelsenbecks und Grosz‘ feiern hier keine Dada-Parties mehr. Die mit dem Pfennig rechnenden Revuetänzerinnen, die hier überlebt haben, sterben langsam aus. Die meisten heutigen Bewohner könnten sich Wohnungen in Kreuz- oder Prenzlberg nicht leisten. Im Neuen Westen wohnt man in mietpreisgebundenen Altbauwohnungen – flickwerkmäßig renoviert, immer wieder aufgeteilt, seit Großfamilien wie -kommunen kein Lebensmodell mehr sind. Wer hier wohnt, ist kein Fanatiker des rechten Winkels, sondern an schiefe Ebenen und Wände gewöhnt wie an kurzschlussfreudige Strom- und rostklümpchenstrotzende Wasserleitungen. An ein mildes Chaos, das jeder nach seiner Façon in seinen Rhythmus einfügen kann. Eingefleischte Wessis, die fast alle schon mal gegen die Hausverwalterin prozessiert hatten und wussten, der ist’s recht, denn sie verdient – als Rechtsanwältin – auch an verlorenen Prozessen.

Willi war Polier im Auftrag ihrer wirklichen Majestät, der Hausbesitzerin. Und die war Ossi, Erbin eines Westvermögens und trat eben das eines Tages mit großen Schritten an. Unser Haus hatte seit 50 Jahren kein Dach mehr. Dachausbau aber bedeutet doppelt Geld: Subventionen und

hohe Mieten hinterher. So kam Willi zu uns. Als Chef vor Ort eines Bau- und Handwerkskollektivs. Wir freuten uns. Kein Ossi würde so kaltschnäuzig und geldgierig sein wie die Wessi-Verwalterin. Außerdem konnten Ossis viel besser organisieren und improvisieren, denn Mangelwirtschaft trainiert. Das fanden wir ideal bei einem 100 Jahre alten

Haus, dessen Innereien keinem Wessi-Handwerker je durchsichtig geworden waren. Ossis waren, so hieß es allenthalben, auch viel sorgfältigere Handwerker und schafften planvoller, alle Gewerke unter einem Dach. Vor allem aber gefiel uns diese schöne Ironie: Hier lief die Sache mal andersrum, hier dürfen Wessis eine Invasion von Ossis studieren. Nun ja, um es kurz zu machen: Mit Ironie kamen wir nicht weit. Unsere Ossis erwiesen sich als ironiefest. Der melancholische Willi ruinierte zuerst Decken und Böden auf der Suche nach möglichen Bohrstellen für die neuen Überputz-Heizstränge und verzieh uns das nie. Fortan war er von melancholischer Muffeligkeit und versteckte sich, sobald ein Mieter mit suchenden Augen durch die Baustelle stolperte, die unser ganzes Haus inzwischen war. Wörter wie „organisieren", gar „improvisieren" schien er plötzlich nie gekannt zu haben und wenn, dann als Gruselbeispiele aus dem Wörterbuch des (westlich-gierigen) Unmenschen. Kommunikation, gar mit den von seinen Pfuschereien Betroffenen, lehnte er bald grundsätzlich ab. Dass die Heizung nicht funktionierte und die reparierten Fenster hinterher undichter waren als vorher, war nicht sein Problem. Was sein Problem war, haben wir nie rausgekriegt. Vielleicht das Ende der „Ostzeiten"? Nach 1989 war 150 Prozent Linientreue nicht mehr in. Wahrscheinlich tut es weh, wenn plötzlich kein Mensch mehr vor einem zittert. Oder strammsteht. Wir Wessis haben uns nur einen Satz gemerkt. Der war ihm rausgerutscht, als Erklärung für das menschenunfreundliche wilde Bau-Chaos: „Bloß schade, dass hier keine Sozialmieter wohnen..."

(1997)

Pieke Biermann wurde 1950 in Stolzenau in Niedersachsen geboren. Sie studierte in Deutschland und in Italien. Seit 1976 lebt sie in Berlin als Schriftstellerin und Übersetzerin. 1990 erhielt sie das 3Sat-Stipendium beim „Ingeborg-Bachmann-Wettbewerb", drei ihrer bisher erschienenen vier Romane mit der Berliner Mordkommission um Karin Lietze wurden mit dem „Deutschen Krimipreis" ausgezeichnet. Die Romane „Potsdamer Ableben", „Violetta", „Herzrasen" und „Vier, Fünf, Sechs" sowie ihre Sammlung von Kurzgeschichten „Berlin, Kabbala" sind inzwischen als Goldmann-Taschenbücher erhältlich.

Bernd Schremmer

Drei Männer am Strom

Am dritten Abend, nachdem er fast alles in der Gegend gesehen hatte, fuhr er noch einmal zum Deich hinaus. Schon hinterm Ortsausgang sah er die grasenden Schafe. Er passierte die Umzäunung, fuhr die sanfte Böschung hinauf. Der Wind schlug ihm entgegen. Vor ihm lag der Strom. Glitzernd. Breit wie ein See. Der Strom seiner Kindheit. In einiger Entfernung, auf der Deichkrone, saß der Mann.

Am anderen Ufer drehten sich die Windräder. Ein Containerschiff kam stromab. Es war Ebbe. Die Vögel standen wie auf den Wellen. Zwei weiße Segelboote kamen herein. Der Mann schien ihn nicht zu bemerken.

Wieder kam es ihm verrückt vor, dass er hier war. In der Woche hatte er in Hamburg zu tun gehabt. Auf der Bootsmesse. Es war das erste Mal gewesen. Jeden Abend, ziemlich abgemüdet, hatte er am Fenster seines Hotelzimmers gestanden und auf den Hafen geblickt, auf die Landungsbrücken, auf die Schiffe. Am Freitag nachmittag, er hatte seine Reisetasche schon im Kofferraum verstaut, hatte er sich plötzlich entschieden. Noch ein Stück weiter stromab. Nur einen Tag, oder zwei, Montag früh würde er wieder im Büro sein.

Das Containerschiff glitt vorüber. Die Segelboote wichen aus. Auf der anderen Seite gab es einen Zufluss, mit einem Yachthafen. Er musste an seine Geschäftsabschlüsse denken. Sie würden es schwer haben mit ihrer kleinen, neuen Firma. Es würde eine Weile noch eine Frage der Kredite sein. Er fuhr die Außenböschung hinunter. Passierte erneut eine Koppeltür. Der Mann, als er an ihm vorüberkam, hob grüßend die Hand. Und er grüßte, etwas zaghaft, zurück.

Er fuhr weiter. An dem Strom entlang, der ihm so vertraut schien und es hier doch nicht war. Als Kinder hatten sie in den Elbwiesen gespielt, weit unten im Land, wo der Strom noch ein Fluss war. Sie hatten Steine ins Wasser geworfen, flache Kiesel über die kleinen Wellen springen

lassen. Wenn sie einen Dampfer kommen sahen, waren sie mit ihren Rädern losgerast, um rechtzeitig auf der Brücke zu sein. Wenn der stampfende Koloss mit abgeknicktem Schornstein unter ihnen fast durch war, hatten sie hinuntergespuckt. Wo die Spucke wohl ankam? Sie waren auf die andere Seite gerannt. Wo der Fluss hinfloss, wussten sie, aus dem Schulatlas. Aber die Spucke? Man müsste hinunterspringen, meinte Karsten einmal, dann würde man es rauskriegen. Karsten mit der immer etwas heiseren Stimme, dem rasselnden Husten, besonders wenn er lachte.

Er fuhr bis zum Leuchtturm. Kam wieder an der toten Möwe vorbei, die mit blutigem Hals dalag. Der Wind schien schärfer zu werden, salziger. Das Containerschiff erreichte jetzt die Mündung.

Er musste wieder an die Buddelschiffe denken, die Karstens Großvater gebastelt hatte. Er hatte sie immer mit einer gewissen Scheu betrachtet, die kleinen eingesperrten Dreimaster. Eines Tages, sie waren wohl zwölf oder dreizehn, hatte ihm Karsten eins von seinen Buddelschiffen geschenkt. Und er ahnte nicht, dass es ein Abschiedsgeschenk war.
Die Sonne stand inzwischen tief. Der Strom, das Meer war jetzt ein einziges Funkeln. Als würde sich dort draußen ein feuriger Abgrund auftun. Er musste plötzlich lachen. Laut. Und ihm war, als habe er so in seinem ganzen Leben noch nicht gelacht. Aber der Wind verwehte sein Lachen.
Das Containerschiff fuhr weiter. Er stieg wieder aufs Rad. Jo, jo hatte der Mann am ersten Abend gesagt, man kommt nich von los. Und hatte gefragt, wo er denn herkäme? So, so, von da ... Und der Mann, der noch nicht alt war, hatte zu erzählen begonnen, von Sturmfluten, vom alten Deich und vom neuen, von seinem Schiff, vom Vater übernommen, dreieinhalbtausend Tonnen, bis rauf nach Dänemark seien sie gefahren, und von Thüringen hatte er erzählt, im letzten Jahr, sehr preiswert, und von der Sächsischen Schweiz, herrliche Gegend, nur die Straßen ... Viel gefragt hatte ihn der Mann nicht. Und er hatte kaum richtig zuhören können. Gesichter verändern sich, und sechsunddreißig Jahre waren eine lange Zeit, aber Stimmen? Und dieses Rasseln, das wie vom Asthma klang.
Er erreichte die Koppeltür wieder. Und hielt Ausschau nach dem Mann. Er hätte gern noch einmal mit ihm gesprochen. Etwas von sich erzählt. Weshalb er unbedingt hatte hierher kommen müssen. Vielleicht auch von der neuen kleinen Werft. Und von kleinen Dreimastern in der Flasche. Vielleicht auch nur, um noch mal seine Stimme zu hören.
Aber der Mann war nicht mehr zu sehen.

(1997)

Bernd Schremmer wurde 1944 in Dessau-Roßlau geboren und wuchs dort auf. Er war Bühnenarbeiter, absolvierte eine Maurerlehre und arbeitete nach dem Studium der Germanistik und Geschichte von 1968 bis 1979 als Lehrer im Kreis Nauen. Seit 1979 ist er freiberuflicher Schriftsteller und lebt in Berlin-Staaken. Außer Theatertexten und Erzählungen erschienen von ihm der Band „Ein sonderbarer Entschluss“ (1978), die Romane „St. Helena oder Die Chance der Verbannung“ (1986) sowie „Schworn oder Die Anwesenheit des Todes“ (1996) und eine Biografie „Metternich. Kavalier und Kanzler“ (1990, alle Mitteldeutscher Verlag).

Holde-Barbara Ulrich

Osthunde bellen nun mal

Paul ist ein friedlicher Mensch. Seit gut zwanzig Jahren lebt er in Eintracht mit der Natur auf seinem bäuerlichen Hof bei Potsdam. Das winzige Anwesen kaufte er sich zu einer Zeit, da alle Ossis noch von einer Neubauwohnung träumten. Fünfzig Quadratmeter Platte mit fließend Warmwasser in der Badzelle und Fernwärme in allen zwei Zimmern galten DDR-weit als Ausdruck höchsten Wohnkomforts.
Auch Paul wurde nach hartem Bemühen Bewohner eines solchen Hochhausquartiers. Weil er die Wohnung schon bezog, als die Tapete noch nicht ganz trocken war und die sozialistische Baubrigade rundum noch monatelang hämmerte, bohrte und fräste, gingen seine Nerven zu Bruch und auch seine Ehe. Von heute auf morgen ließ er Frau, Kind und alle Fernwärme sausen und wich ins dörflich Geruhsame aus. Dass ihn selbst seine besten Freunde für schlichtweg verrückt erklärten, machte Paul nichts aus.
Das Häuschen hatte auf den ersten Blick nicht allzu viel Verlockendes. Es war klein, hatte eine Pumpe hinterm Haus und ein Plumsklo auf der anderen Seite des Hofes. Aber es stand am Rand einer Wiese, hatte eine riesige Fichte vor den Fenstern und einen Pflaumenbaum hinten. Der feste Sandweg vor dem Tor führte direkt in den Wald.
Naturfreund Paul, mit dem seherischen Blick des Zielstrebigen und der Fantasie eines Träumers, hatte seine Visionen: In gut zehn Jahren bienenfleißiger Feierabendarbeit konnte aus dieser naturbelassenen Baufälligkeit etwas wunderbar Wohnliches werden. Emsig und unverdrossen organisierte er sich die in der sozialistischen Planwirtschaft so raren Artikel wie Dachziegel, Rohre, Bretter, Fliesen und alles, was ein rekonstruierender Bürger sonst noch so braucht. Er werkelte Abend für Abend, Wochenende für Wochenende, bis er Ende der achtziger seinen fast schon oppositionellen Traum vom kreativ Eigenen verwirklicht hat-

te. Paul war ein glücklicher Mensch. Als Klee, Toulouse und Vincent, drei streunende Katzen, ihm zu dieser Zeit zuliefen, betrachtete er es als symbolhaftes Ereignis. Dass er Hund Napoleon auch noch aufnahm, den ein Stadtfreund bei ihm untergestellt und nie wieder abgeholt hatte, war für ihn eine selbstverständliche Geste der Mitmenschlichkeit.

Zu Ende der sozialistischen Ära ruhte Paul gewissermaßen in sich – eine dörfliche Inselidylle. Er feierte viel: Frühlingsbeginn und Vollmondnächte, Vogelzug und Pflaumenernte, Herbstausklang und Frostanfang. Er freute sich, wenn die Nachbarn seiner einseitig bebauten naturbelassenen Straße bei ihm einkehrten und mit ihm auf die endlosen Tage des Weins anstießen. Weltläufigkeiten, die sich zutrugen, blieben ihm fern.

Gleich nach der Wende setzte auf dem kleinen festen Sandweg vor Pauls Haus ein eifriges Kommen und Gehen ein. Brüder und Schwestern aus dem nahe gelegenen Westteil erkundeten das ehemals sozialistische Brachland. Es gefiel ihnen offensichtlich, denn etliche von ihnen, viel mehr als befürchtet, kauften die gegenüberliegende Straßenseite auf und begannen in Windeseile zu bauen.

Immer hatte Paul Angst gehabt, dass seinem schlichten Brandenburger Häuschen ein betonierter Landwirtschaftskomplex der dörflichen Ge-

nossenschaft die Sicht versperren würde. Was sich nun vor ihn hinpflanzte war schlimmer. Ein bundesdeutscher Architekturverschnitt: Bayrische Almhäuser mit Butzenscheibenfenstern, Schwarzwälder Blockhütten mit geranienwallenden Balkonen, ostfriesische Reetdachhäuser mit angeklebten Wintergärten.
Paul, eingeschworener Ästhet und Feind alles Verschnörkelten, hat sich vor kurzem Vorhänge vor seine Vorderfenster gehängt. Nur nachtsüber zieht er sie auf. Bei allem notgedrungenen Verständnis für die neuen Nachbarn kam ihm ein nie gekanntes Feindgefühl gegen all die Wolkenstores, kunstgeschmiedeten Gartenlaternen, postmodernen Briefkästenkreationen und bepflanzten Autoreifen auf den abgezirkelten Rasenflächen gegenüber.
Lange hatte er gedacht, derartige Accessoires seien verkappte Sehnsuchtssignale eingemauerter Ostmentalität. Aber nein, es schien etwas miefig Gesamtdeutsches zu sein; keine Weltkenntnis, kein Freiheitsgefühl kamen dagegen an.
Seit die neuen Nachbarn da sind, ist Pauls Straße viel stiller geworden. Sie war – Gott behüte – niemals laut. Aber neuerdings herrscht so etwas wie Grabesruhe. Das liegt an den Hunden. Die bellen nicht mehr. Von einem speziellen Westpräparat, das Hunde maulfaul macht, hatte Paul noch nichts gehört. Solche Praktiken lehnte er als Tier- und Menschenfreund ohnehin ab.
Als er kürzlich das Storchenfest feierte, und Napoleon freudig die Gäste bekläffte, klingelte das Telefon. Eine der neuen Nachbarinnen – die mit dem Schild: „Hier wacht Hasso“ an der Gartenpforte. Ob Paul jemals ihren Hasso so habe randalieren hören, fragte sie spitz und drohte mit der Polizei. Paul sagte fassungslos: „Osthunde bellen nun mal.“ (1997)

Holde-Barbara Ulrich erblickte 1940 in Templin in Brandenburg das Licht der Welt. Nach dem Abitur und dem Studium der Philosophie und Afrikanistik an der Humboldt-Universität Berlin arbeitete sie bei der Nachrichtenagentur ADN. 1988 erfolgte der Wechsel zum Berliner Verlag. Seit 1991 ist sie freie Journalistin, u.a. für „Elle“, „Die Zeit“, „Brigitte“, „Focus“. 1995 erhielt sie den renommierten Egon-Erwin-Kisch-Preis. Seit 1990 veröffentlichte sie vier Porträt- und Reportagebücher sowie zwei Gedichtbände. Soeben erschien ihr erster Roman „Zuhause ist kein Ort“ im Ullstein Taschenbuchverlag.

Marion Titze

Schulausflüge

Eltern: Als ich fünfzehn war, fuhr ich zum ersten Mal auf die Augustusburg (bei Chemnitz) in einen Sommerkurs mit gleichaltrigen Schülern aus Frankreich. An den Wochenenden war Heimfahrt, und jeder nahm einen Gast mit zu seiner Familie. Da die Einladungen den Fäden der Sympathie folgten und die Zahl der französischen Schüler größer als die der einheimischen war, blieben immer Kinder übrig. Am zweiten Wochenende wusste meine Mutter schon, dass diese alle zu uns kommen würden. Einer davon war Jean le nihiliste, der niemandem sympathisch war, weil alle seine Überlegenheit „zum Kotzen" fanden, eine der ersten Vokabeln, die sich mir auf Französisch einprägten.
Jean warf demonstrativ die Zigarettenasche auf die gewaffelte blaue Auslegeware unseres Wohnzimmers und nannte meinen Vater einen Stalinisten. Meine arme Mutter sprang nicht zum Staubsauger, vielleicht dachte sie: andere Länder, andere Sitten. Vielleicht war sie aber auch so perplex, dass sie für einen Moment ins Nichtdenken verfiel. Während mein Vater wahrscheinlich dachte, dass es Stalinisten überhaupt nicht mehr gäbe. Nach seiner Kenntnis hatte sich das Problem 1956 erledigt, drei Jahre nach meiner Geburt.
Eltern: Als mein eigener Sohn fünfzehn ist, fährt seine Schulklasse am Tag der deutschen Einheit ins Antikommunismus-Museum am Checkpoint Charlie. Dort hört er in einem Vortrag, dass die DDR ein Land gewesen sei, in dem sich alle duzten und man geloben musste, seinen Körper sauber zu halten. Staunend fällt der Blick der Westberliner Mitschüler auf die Kinder aus dem Osten. Die bestürmen noch am selben Tag ihre Eltern, ihnen alles auszuhändigen, was an die DDR erinnert. Sie binden ihre alten Pionierhalstücher um, dekorieren den Klassenraum mit Wimpeln und Arbeiterfahnen. Mein Sohn heftet sich meine Arthur-Becker-Medaille an, in die die Worte geprägt sind: Auf sozialistische Art zu leben, erfordert auf sozialistische Art zu arbeiten. Sie hängt für den Fall von Formtiefs über meinem Schreibtisch, neben

Schillers Wort an Goethe: Erfahren Sie bei dieser Gelegenheit, dass sich die poetische Muse im Notfall auch kommandieren lässt. Mein Sohn versichert, während er die schwarz-rot-goldene Kordel aus meinem Diplomzeugnis zieht, dass ich alles zurückerhielte, wenn sie ihre DDR-Performance aufgeführt hätten.

Es war die mittlerweile bis zur Parodie verzerrte Wahrheit, die sie ihrerseits nicht anders als parodieren konnten.

Generationen: In meinem Erleben ist die DDR die Folge dieser drei; der ersten, die dort ihre Jugend hinter sich ließ, der zweiten, die darin jung war, und der dritten, die darin nicht mehr jung sein wollte. In meiner, der zweiten Generation, konnte man Patenkind werden von Wilhelm Pieck, dem ersten Staatspräsidenten des ersten Arbeiter- und Bauernstaates auf deutschem Boden. Alles war erstmals und ein gehöriger Schlussstrich unter die ungehörige Geschichte, die in der Erwachsenensprache „die unselige Vergangenheit“ hieß.

Die unselige Vergangenheit, die einfache Gegenwart, die selige Zukunft. Vielleicht ist es ja nur meine Prägung, die sich so rubrizieren lässt, denn eine Kindheit in der DDR musste keine DDR-Kindheit sein. Wenn die Eltern das System nicht mochten und man Kopien seiner Zeugnisse bereithielt, um die Flucht oder später die Ausreise zu betreiben, dann wurden die Kinder zwar auch eingeschult, aber es war gewiss nicht dieselbe Schule, durch die man ging.

Meine Eltern mochten das System. Meine Mutter nur indirekt, weil sie nie etwas anderes als meinen Vater gemocht hat, für eine Partei blieb an Liebe einfach nichts übrig. Ihre Kinder waren seine Geschöpfe, uns liebte sie auch, und wir wurden für seinen Blick oder was sie sich darunter vorstellte, erzogen. Meine Eltern haben 1949 auf dem Gemeindeamt geheiratet, zu einer Zeit, in der Heiraten durchaus noch etwas für immer war. Ich weiß nicht, inwiefern diese Ehe oder generell die Zeit dafür verantwortlich war, dass ich übermäßig lange, streng genommen bis zum Fall der Mauer, dachte, alles sei für immer. Möbel wurden nicht gekauft, Entscheidungen nicht getroffen, um sie einmal gegen andere Möbel und andere Entscheidungen auszutauschen, sondern für immer. Das Unumstößliche muss ein Gefühl der fünfziger Jahre gewesen und von den Erwachsenen wie ein Fluidum ausgegangen sein. Sonst hätte es sich nicht so in meiner Kinderseele verfangen, und der Einbruch des Gegenteils, die Erfahrung von Vergänglichkeit, wäre kein solcher Schock gewesen.

Wenn wir also vom Damals, von welchem auch immer, sprechen, dann sprechen wir von dieser Kluft zwischen Erleben und einem dem Erlebten im Nachhinein angehängten Bewusstsein, das manchmal unser eigenes ist, oft aber nicht. Wie das Beispiel Schulausflug zum Checkpoint Charlie zeigt, wird auf ein zugemutetes Bewusstsein oft mit einer Gegenzumutung reagiert.

(1998)

Marion Titze wurde 1953 in Lichtenwalde bei Chemnitz geboren. Sie studierte Journalistik in Leipzig, arbeitete als Fernseh- und Literaturredakteurin. Es entstanden zahlreiche Filmreportagen und Radioessays, darunter der Filmessay über Imre Kertész „Ich habe viele Wenden gesehen“. Seit 1988 ist Marion Titze freie Autorin. Ihr erster Roman „Unbekannter Verlust“ erschien 1994 bei Rowohlt Berlin. 1997 veröffentlichte sie bei Klett-Cotta den Erzählband „Haus der Agave“. Hier wie auch in der Geschichte „Kindheit in der DDR“, der oben stehender Text in Auszügen entnommen ist, resümiert sie ihre Erfahrungen nach der Wende. Der vollständige Text erschien jüngst in dem Essayband „Schillers schönes Fieber“ im Ammann Verlag Zürich.

Foto: I.Ohlbaum

Beate Dölling

Ohne Konfetti

Es war an einem 30. Dezember, als ich das erste Mal im Osten war. Allein, den Bauch voller Liebeskummer, wollte ich mir selbst entkommen. Und wenn man schon jahrelang in West-Berlin wohnte, konnte man sich doch nicht nur mit ein paar Blicken über die Mauer begnügen. Schließlich war man schon schreibend, und da hatte man Anteilnahme zu nehmen, am Leben der da drüben. Jahrelang tröstete ich mich damit, einen Amerikaner zu kennen, der regelmäßig nach Ost-Berlin fuhr und die literarischen Kreise dort mit Westliteratur und Haschisch versorgte. Ein Schwulenfreund von mir schmuggelte Männer-Pornos über die Mauer. Und Großonkel Bubi und Großtante Gerda aus Gera wurden seit meiner Kindheit mit Kaffeelieferungen beglückt. Als sie Rentner wurden, sah ich sie das erste Mal: nett, blass und altmodisch. Aber wie die sich noch freuen konnten! Und meiner Mutter schwatzten sie sämtliche Glockenröcke, Spüle und Armbanduhr ab. Als Dankeschön bekamen wir Dresdner Stollen, Schnaps mit Gummistöpsel und hölzerne Kerzenständer.
Die Zeremonie bei der Grenzkontrolle kannte man von den Transitfahrten von Wessiland nach Berlin oder umgekehrt.
„Haben Sie Waffen oder Kinder dabei?“
Lachte man zu frech, oder überhaupt nicht, wurde mit Arbeitslager gedroht, und man hörte sofort auf zu lachen, wenn man nicht gerade stoned war.
Nach Ostberlin ging ich nüchtern, klein, alleine. Irrte um den Alexanderplatz und versuchte, mir Franz Biberkopfs Welt vorzustellen, mit den Pferdewagen, der Elektrischen und der polnischen Lina. Ich vertrödelte mich, eingenebelt, betäubt von blauem Trabbidunst. Und wie die kleinen Dinger um die Ecke flitzen konnten! Westmensch rette dich ins Kaufhaus! Schreibhefte holen. Am Alex fand ich eine Kaufanstalt. „Centrum Warenhaus“. Schritte auf PVC. Wagenpflicht. Sie rempelten mich mit ihren Blicken an. Fuhren mir in die Westhacken. Auch ich konnte das Ding nicht lenken. Mit blockierten Rädern humpelte ich zu

den Regalen. Alle glotzten mich an. War es mein ferrariroter Lippenstift? Meine abgewetzte Lederjacke? Mein Parfüm? Warum war ich nicht da, wo ich hingehörte, in den Armen meines Liebsten, oder wenigstens im Museum, eingelullt von zeitloser Kunst? Von diesem Besuch konnte ich doch niemandem erzählen!

Ich legte noch Langstillöffel, aus Plastik, bunt, auf meine Hefte. Dann wurde ich zur Kasse abgedrängt, scherte mich in die Reihe der Wartenden ein. Die Verkäuferin machte nun schon seit Minuten dieselben Tippbewegungen, die Kasse surrte immer gleich, mir stieg der Schweiß in den Nacken, dann sah ich: Alle hatten nur eine Tüte Konfetti im Wagen. Eine Tüte Konfetti aus dickwandigem, groben Papier, rau, grau,

wie das Klopapier auf den Transittoiletten. Ich stellte mir vor, wie morgen an Sylvester alle Ostberliner – oder gar die ganze DDR? – ihr Konfetti auf dem Wohnzimmertisch arrangierte und in das neue Jahr hineinfeierte. Mit diesem Schnaps, der nach Gummistöpsel schmeckte. Die Kassiererin brannte Blicke in mein Gesicht, schaute auf meine Jacke, in und unter den bockigen Einkaufswagen. Irgendwo musste ich ja die Konfetti versteckt haben. Ich sah schon die Vopos heraneilen, bestimmt würden sie hier alle mit anpacken und mich in einen Trabbi stopfen, wenn ich mich wehrte. Und dann ab ins Arbeitslager!
„Ich hab' morgen nichts vor", hörte ich mich sagen. „Ehrlich. Ich werd' zu Hause bleiben. Ohne Konfetti. Früh schlafen gehen." Einen Moment war es still in dem Laden. Heiß. Drohte der PVC zu schmelzen. Es schmorte schon in meinem Hals. Ich sah Bubi und Gerda aus Gera, Franz Biberkopf, die polnische Lina, und es regnete rot-gelb-schwarzes Konfetti. Bevor Hammer und Sichel mir auf den Kopf fielen, stand ich auf der Straße, knatterten die Trabbis vorbei, hielt ich Schreibhefte und Plastiklöffel in der kalten Hand, war alles Spinnerei und Vergangenheit, wie die letzte Liebesnacht.
Ich ging sofort zurück zum Bahnhof Friedrichstraße. In der Mitte zwischen Ost und West stand ein Passfotoautomat. Für die Wessis. Bis kurz vor Mitternacht war ich beschäftigt, mein Geld loszuwerden. Ich war süchtig nach Münzen. Münzen, die mit einem zärtlichen Klang durch den Schlitz in dem Automaten verschwanden und den Blitz schickten, der mich mit aufs Papier nahm. Schwarz, weiß, leicht, diesig, klein, blass, jung, ignorant, arrogant, verliebt, verloren, wacklig, hungrig, hip. Den Automaten habe ich leergeknipst, dann bin ich mit meinen Heften und Löffeln und Passfotos doch noch zu ihm gefahren. Aber er war nicht da.

(1998)

Beate Dölling, Jahrgang 61, arbeitet als Schriftstellerin, Journalistin und Moderatorin. 1996 erhielt sie den zweiten Hörfunkpreis für das Feature „San Francisco". Zahlreiche Veröffentlichungen in Anthologien und Literaturzeitschriften. 1997 erschien ihr Jugendroman „Mir kann keiner an den Wimpern klimpern" (Verlagsgruppe Luebbe). Die Schriftstellerin lebt 68 Kilometer östlich von Berlin in der Märkischen Schweiz, zusammen mit einem echten Schweizer und der gemeinsamen Tochter Paula.

Fremdarbeit

Wo gehöre ich hin? Als die Mauer noch stand, habe ich mir diese Frage nicht gestellt. Ich war diesseits der Mauer zu Hause. Für mich existierte kein Jenseits. Das Jenseits der Mauer gehörte den Deutschen. Dort lebten nur Deutsche. Die Ausländer in der DDR nahm ich nicht wahr. Die DDR war Ausland. In der Bundesrepublik war man nicht unter sich. Der Westen Deutschlands hatte sich nicht nur den Menschen, sondern auch den Kulturen der Welt weit geöffnet. Ende der 80er-Jahre lebte ich in München, einer provinziellen Weltstadt. Diese Stadt verkörperte, wie keine andere Stadt in Deutschland, jenes Paradox, weltoffen und provinziell zugleich zu sein.

Heute lebe ich in Berlin. Als ich von München nach Berlin zog, war die Mauer gerade gefallen. Es war ein kalter Novembertag. Ich fuhr mit dem Auto über die Zonenautobahn. Die Dinge, die ich bei mir hatte, hatten Platz in einem Kofferraum. Damals war ich mir noch nicht sicher, ob ich lange in Berlin bleiben würde. Ich ließ mich im Westteil der Stadt nieder. Ich blieb in meiner mir vertrauten Welt. Westberlin war gleichermaßen ein Symbol der deutsch-türkischen Einheit und der deutschen Teilung. Sollte nun die deutsche Einheit eine deutsch-türkische Teilung bedeuten? Die Befürchtung, anfangs noch diffus und undefinierbar, hat sich mittlerweile zu einem Faktum entwickelt.

Historische Stunden machen Einwanderer zu Außenseitern. Der deutsch-deutsche Diskurs bietet kaum Schnittstellen, die den deutschen Türken Zugang ermöglichen. Welches Verhältnis haben die Ostdeutschen zu den Türken und die Türken zu den Ostdeutschen? Der Osten wird lange brauchen, um das Image der Fremdenfeindlichkeit wieder wettzumachen.

Je stärker der Einheitskurs in Deutschland forciert wurde, um so mehr hat er zur Teilung des Landes beigetragen. Dennoch glaube ich fest daran, dass die Teilung Deutschlands in Ost und West überwunden werden wird. Doch wird das in Scherben geschlagene multikulturelle

Deutschland jemals wieder zu reparieren sein? Es gibt viele Anhaltspunkte, die einen skeptisch stimmen. Die Deutschen haben einen Nachholbedarf an Nationalismus. Die Jahre nach dem verlorenen Krieg, die Jahre der Teilung sind vorüber. Sie waren Jahre der Flucht vor der eigenen Geschichte. Dabei haben die Deutschen ihre Geschichte nicht verdrängt. Jedenfalls weitaus weniger als andere Völker. Aber man kann auch fliehen, ohne zu verdrängen. Die Flucht in die ostdeutsche Vergangenheit ist der westdeutschen nicht gut bekommen. Neue Wunden können alte, nicht verheilte Wunden weder heilen, noch ersetzen. Deutschland bleibt ein von seiner Geschichte tief verwundetes Land. Kann ich mich mit diesem Land identifizieren? Die Identifikation mit Westdeutschland war leichter. Sie stellte wenig Anforderungen an die eigene Identität. Nun wird man herausgefordert. Kann man Deutscher sein, ohne den Teilungsschmerz zu spüren? Es beruhigt zu wissen, dass nicht wenige Deutsche von der Diskussion um die Einheit Deutschlands genauso müde sind wie man selbst. Doch sind sie es aus denselben Gründen? Die Türken in Deutschland interessieren sich nicht für die deutsche Geschichte. Das hat Vor- und Nachteile. Sie wollen nicht daran er-

innert werden, dass sie nicht dazu gehören. In jedem Land teilt die Geschichte Einheimische und Einwanderer. Die Hinzukommenden haben ein anderes Gepäck als die, die zu Hause sind. In Deutschland aber teilt die Geschichte auch die Deutschen. Nicht nur in Ost- und Westdeutsche. Die Kluft, die der Nationalsozialismus in die deutsche Geschichte gerissen hat, reicht tief. Was hat die Bundesrepublik noch mit der Weimarer Republik zu tun? Die Bundeswehr mit der Reichswehr? Der Bundestag mit dem Reichstag? Die deutsche Geschichte ermuntert kaum dazu, in dieses Land einzuwandern. Wer hier einwandert, verdrängt gerne den historischen Hintergrund. Doch wohin führt diese Verdrängung, wenn nicht ins Abseits?
Am liebsten hat man es, wenn einem die Frage „Wo gehörst du hin?“ nicht gestellt wird. Bedroht diese Frage nicht den eigenen Standpunkt? Doch stellt man sich diese Frage nicht selbst? Ich jedenfalls ertappe mich in letzter Zeit häufiger dabei. Ich weiß, dass ich diese Frage sehr leicht beantworten kann. „Hierher, wohin sonst?“, drängt mich eine innere Stimme zu einer klaren Antwort. Doch die Antwort befriedigt mich nicht. Sie kommt in einem unsicheren Ton daher. Sie verschweigt etwas. Sie verschweigt etwas, was ich nicht verdrängen, nicht vergessen möchte. Sie verschweigt, dass ich woanders herkomme. Sie verschweigt das Jenseits.
Ich stelle mir vor, dass viele Ostdeutsche ein ähnliches Gefühl haben. Auch sie sind durch historische Umstände in dieses Land eingewandert. Man hat sie eingeladen, aber nicht abgeholt. Nun arbeiten sie sich an ihrer Fremdheit ab. Und die Einheimischen, die Daheimgebliebenen arbeiten sich an den Fremden ab. Das eint uns alle. Oder? (1998)

Zafer Şenocak wurde 1961 in Ankara in der Türkei geboren. Aufgewachsen ist er in Istanbul und München, lebt seit 1990 in Berlin. Er studierte Germanistik, Politik, und Philosophie. Seit 1979 veröffentlicht er Gedichte, Essays und Erzählungen in deutscher Sprache. Er schreibt für die taz in Berlin und für andere Zeitungen. Im Babel Verlag Hund & van Uffelen erschienen unter anderem „Das senkrechte Meer“ (Gedichte), „War Hitler Araber? Irreführungen an den Rand Europas“, „Der gebrochene Blick nach Westen“ (Essays). Der Rotbuch Verlag brachte 1997 seine erste längere Erzählung „Die Prärie“ heraus. 1998 erschien im Babel Verlag „Gefährliche Verwandtschaft“ – die Geschichte eines deutsch-türkischen Schriftstellers auf der Suche nach seiner Identität.

Dorle Gelbhaar

Kur im Wessi-Land

Nach dem zweiten Herzinfarkt gab es nichts mehr daran zu deuteln: Kommissar Anders musste zur Kur und das recht bald. Die drei Wochen hatte er in Wessi-Land abzusitzen, in Niedersachsen, in einer kleinen Stadt am Vorausläufer des Harzes, die Anders zuvor nicht einmal dem Namen nach gekannt hatte. Ehefrau Simone, die daheim bleiben musste, packte ihm die Koffer und guckte ihn dabei seltsam an. „Ich leg' mir schon keinen Kurschatten zu", erklärte Anders und zog seine Ehefrau an sich.

Die Damen an seinem Tisch waren dann ohnehin nicht nach seinem Geschmack. Die eine war aufdringlich und die andere geschwätzig. Geschwätzigkeit liebte Anders nur bei Leuten, die er einer Straftat zu überführen hatte, und hier war er schließlich als Privatmann, als Patient sogar. Vor dieser nicht mehr ganz jungen, blonden Ingalora konnte sich Anders nicht einmal hinter seiner Zeitung verschanzen.

Oh Gott, oh Gott, was sind Sie, Kripo-Kommissar? Das ist ja hochinteressant." So ein Satz wäre das Letzte gewesen, was Anders noch gefehlt hätte. Also verkniff er sich alles, was Aufschluss über seine berufliche Identität gegeben hätte, und auch sonst sagte er nicht viel. Ingalora kam aus Qualmbreck ganz in der Nähe. Eine halbe Stunde war sie bis hierher gefahren.

„Woher kommen Sie, aus Berlin? Das ist ja hochinteressant." Sie kaute auf ihrer Unterlippe herum, und er wusste genau, was sie noch fragen wollte, aber er hatte auch in diesem Punkte keine Lust, ihr entgegenzukommen. „Die aus Ost-Berlin sprechen ja nicht so richtig berlinisch." Anders hob leicht die Schultern. „Ist mir noch nicht aufgefallen." „Meine Kinder wohnen auch in Berlin, meine Älteste und ihr Mann, in Charlottenburg." „Ich bin aus Hamburg", nickte der Tischnachbar zur Rechten Anders zu. Anders nickte freundlich zurück und widmete sich weiter seinem Essen.

„Kommen Sie heute abend mit tanzen?", fragte Ingalora. „Ein andermal sicher, heute habe ich schon etwas vor. Ich bin auch ein schlechter Tänzer." „Auf meiner Kur vor 20 Jahren", fuhr Ingalora fort, „habe ich eine große Liebe erfahren. Aber das gibt es wohl in meinem Alter nicht mehr. Meine Kinder gehen abends übrigens oft aus, Sie nicht? Ist das nun etwas West-Typisches, abends essen zu gehen? Meine Tochter sagt, in Berlin macht man das, deshalb braucht sie immer mal ein bisschen Geld dazu." Anders aß ungerührt weiter. Er regte sich auch nicht auf, als Ingalora sich freute, dass jetzt – wo es auch im Osten Benzin gäbe – die Ossis auch rüberkommen könnten, und im gleichen Atemzug bedauerte, nicht mehr zu wissen, wohin mit den abgelegten Kleidern. Konnte ja sein, dass man das in Qualmbreck so sah.

Neun Jahre war Deutschland nun eins, und die Klischees von den Ossis und den Wessis waren deutlich im Kommen. Logisch, dass es nicht reichte zu sagen, ich komme aus Berlin. Sein erster Familienausflug nach Westberlin fiel ihm ein. Angesichts der abgeflachten Bordsteinkanten – die sie als gewesene Kinderwagen- und gelegentliche Radfahrerin durchaus zu schätzen wusste –, hatte Simone ständig Angst, die Autos könnten ihren quirlenden Kindern über die Füße fahren. Wie eine Provinzlerin komme sie sich vor, hatte sie gejammert. Bei diesem Gedanken lächelte Anders. Gleich Jammer-Ossi und Provinz-Ossi auf einmal, meine Frau.

„Wissen Sie, ich habe im Fernsehen einmal eine Talk-Show mit einer West- und einer Ost-Ministerin gesehen, die Ost-Frau hatte so strähniges Haar, keine Ringe, sehr offen, aber..." Anders hatte es gut. Er war ein Mann, auch keiner von den Rucksack-Typen. Er entsprach durchaus dem, was Ingalora für einen attraktiven Mann hielt, und sie wusste ja auch noch nicht einmal genau, ob es sich bei ihm wirklich um einen Ossi handelte.

Als Jugendlicher hatte er nicht einmal eine Jeans besessen, nur weil seine Tante Alma aus Hamburg nichts von dieser Art Hosen hielt und ihm stattdessen lieber 49-Pfennig-Aldi-Schokolade schickte, die ihn lange Jahre ideologisch einwandfrei behaupten ließ, West-Schokolade schmecke nicht.

Oh, machte Ingalora und verformte dabei ihr Mündchen, dass es ihn glatt ihr Alter und ihre kleinen Gehässigkeiten vergessen ließ. Dieser Anders, eigentlich war Ingalora sein Woher und Wohin völlig gleichgültig. Der Moment zählte.

Nach der Kur nahm Anders auf dem Heimweg eine Frau aus Eberswalde und eine aus Dresden mit. „Die hassen uns richtig", sagte Traudel Schulz aus Dresden. „Das habe ich nicht feststellen können", meinte Anders mit einem kleinen Lächeln im Gesicht. „Die sagen nie 'die Traudel oder die Frau Schulz aus Dresden', die sagen immer 'die aus der DDR'." „Mag sein", versetzte Anders. Ihn erwarteten zu Hause Ost-West-Querelen ganz anderer, familiär hausgemachter Art. Wo das Leben beginnt, hören die Klischees auf. Könnten wir sie bei uns selbst erkennen und vielleicht sogar darüber lachen, wäre alles in Ordnung.

(1998)

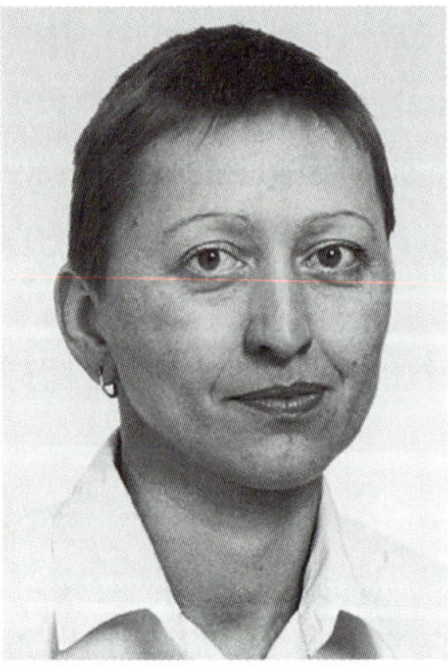

Dorle Gelbhaar wurde 1952 in Rostock geboren. An der Humboldt-Universität in Berlin studierte sie Kulturwissenschaften. Über Kriminalliteratur promovierte sie an der Akademie für Gesellschaftswissenschaften. Sie leistete Öffentlichkeitsarbeit für die Kripo, arbeitete als freie Journalistin, Lektorin und Redakteurin. 1995 veröffentlichte der Elefanten Press Verlag ihre erste Kurzgeschichte im Sammelband „Erotik macht die Hässlichen schön". 1998 erschien „Der Fremde am Telefon" – ihr erster Kriminalroman – ebenfalls bei Elefanten Press. Dorle Gelbhaar lebt mit ihrem Ehemann und zwei Söhnen heute in Berlin, wo auch der Kriminalfall spielt. Kommissar Anders soll ihn aufklären. Der Tatort ihres nächsten Krimis wird sich voraussichtlich in ihrer mecklenburgischen Heimat befinden, wo Dorle Gelbhaar noch heute ihre Wurzeln (sprich Mutter und Geschwister) hat.

Friedel Paur

Königskinder

Nur einmal war sie im deutschen Osten gewesen, bei einer Abiturfahrt nach Berlin im Jahre '69. Damals diskutierte man nächtelang die Notstandsgesetze, man sah im Kino „If“ und „Die Einsamkeit des Langstreckenläufers“ und fühlte sich auf Schulfahrten seiner Freiheit beraubt. Bei der endlosen Prozedur an der DDR-Grenze vergingen den Mädchen Diskussionslust und Schnoddrigkeit, und als man munkelte, dass unter den Waggons Schäferhunde durchgeschickt wurden, um eventuell dort versteckte – ja, was? Bomben? Leute? – aufzuspüren, da verstummten sie schockiert.

Seither lagen ihre Reiseziele im Süden, weil da die Sonne heißer, und im Westen, weil sie dort länger scheint. Den Osten ignorierte sie, bis sie im letzten Jahr an der Shakespeare-Tagung in Weimar teilnahm.

Neugierig schaute sie an der Grenze aus dem Zugfenster. Aber nichts passierte. Die bewaldeten Hügel sahen genau so aus wie alle anderen bewaldeten Hügel. Nur eine jener öden Reisebekanntschaften, die man idiotischerweise immer wieder macht, wies belehrend darauf hin, dass die einzelnen Häuser in dem düsteren Waldtal „typisch Platte“ waren. Sie nickte höflich.

Abends besuchte sie eine Othello-Inszenierung im Stadttheater. Alle anderen Zuschauer waren natürlich auch Tagungsteilnehmer und entsprechend hochgebildet: Die Leute hinter ihr zum Beispiel konnten mühelos Viola und Olivia unterscheiden und diskutierten diese Figuren im Vergleich zu Desdemona, was sie mit neidloser Bewunderung erfüllte.

Nach der Vorstellung gab es im Foyer gegen Vorzeigen des Tagungsausweises einen Imbiss. Sie nahm ein Glas Sekt, ließ die trockenen Semmeln links liegen, stellte sich an eine Säule und überlegte, ob diese klägliche Bewirtung nun endlich ein erstes Anzeichen des armen Ostens war. Allerdings war ihr Ähnliches auch schon im Münchner Prinzregententheater in Form von Brezeln und Bier begegnet, was sie geneigt

machte, es nicht auf die Himmelsrichtung, sondern auf eine gewisse Knappheit der Theaterbudgets zu schieben.
Sie trat zurück, um ihr leeres Glas abzustellen. Dabei rempelte sie unsanft an jemanden, der an der anderen Seite der Säule lehnte. „Oh, Entschuldigung“, murmelten beide, obwohl der Zusammenstoß ja völlig eindeutig ihre Schuld war. Solche Höflichkeit trifft man selten an, deswegen riskierte sie einen zweiten Blick. Der Mann trug dunkle Haare, einen dunklen Anzug, dunkle Augen hinter einer dunklen Brille und einen dunklen struppigen Schnauzer. Er hielt Block und Stift anstatt Sekt. Unauffällig folgten seine Augen dem gemessenen Treiben, und ab und zu notierte er ein paar Worte.
Die Party war nicht besonders unterhaltsam, also verdrückte sie sich bald, nahm noch ein paar Prospekte mit, die sie im Hotel müßig durchblätterte. Oho! Das klang vielversprechend: Nightflight in Weimar.
So kam es, dass sie sich nach dem pflichtschuldigst absolvierten Tagungs- und Theaterprogramm am nächsten Tag ins Nachtleben stürzte. Da sollten die Münchner Kulturheinis sich mal eine Scheibe abschnei-

den: Für nur 15 Mark bekam man Musik in 19 Kneipen und einen Shuttle-Bus, der zwischen all den Aktivitäten hin- und herfuhr. Zuerst besuchte sie einen irischen Pub, wo heftiges Gedränge herrschte. In einer Ecke entdeckte sie den dunklen Schnauzer von gestern, heute in Lederjacke und Jeans, aber wieder mit Stift und Papier. Nach einer Weile wanderte sie runter ins E-Werk. Da war junges Volk versammelt, das begeistert zu der Rockmusik rumhüpfte. Sie kletterte auf einen Stuhl und schaute zu, bis ihre gequälten Ohren sie weitertrieben. Aber gegenüber hatte sie den Schnauzer wieder erspäht. Der Mann machte sie nachgerade neugierig. Als er im Paulaner, wo es Oldies zum Zuhören und Tanzen gab, auch auftauchte, sprach sie ihn an.

Er war Studienrat am örtlichen Gymnasium und arbeitete freiberuflich als Reporter für eine Zeitung. „Das bringt ein bisschen Extrageld zum Verreisen“, sagte er. „Und manchmal schreibe ich ein Feature für eine Zeitschrift, GEO oder Stern oder so.“

Sie verliebte sich in ihn zuerst wegen der Art, wie er Feature aussprach. Sie tanzten, schauten noch in ein paar anderen Lokalen vorbei. Er steuerte das nötige Insiderwissen bei. Als um drei Uhr die letzte Kneipe schloss, gingen sie spazieren. Erst durch die Stadt, dann am Fluss entlang. Sie unterhielten sich so außerordentlich gut, dass sie zuletzt die Sonne aufgehen sahen, klar, im Osten geht sie halt früher auf.

An Pfingsten war er in München, im Sommer waren sie zusammen in Portugal, in den Herbstferien war sie bei ihm, Weihnachten war er bei ihr.

Aber sie denkt nicht, dass sie jemals bereit sein wird, München mit Weimar zu vertauschen. Und er kriegt als Ossi in Bayern nicht einmal die Aussicht auf einen Arbeitsplatz. So geht es ihnen wie den Königskindern: Sie konnten zusammen nicht kommen...

(1998)

Friedel Paur wurde 1951 in München geboren, wo sie noch heute lebt und arbeitet. Neben ihrer Tätigkeit als Lehrerin beschäftigte sie sich schon immer mit Theater, Malerei und Kultur. Ihr erster Roman „Irischer Kreisel“ (Reimo Verlag) erzählt die Abenteuer einer Irland-Reisenden, die sich auf ungewöhnliche Weise mit einer unglücklichen Liebe auseinandersetzt. Im Rosenheimer Verlag erschien der Krimi „Ein Engel auf Spurensuche“, in dem die handfeste Münchner Straßenkehrerin Anna Paula Pohl souverän den Fall löst. Demnächst soll der Roman „Ins Herz getroffen“ veröffentlicht werden. Für das Kinderbuch „Holger Holunder“ sucht die Autorin derzeit einen Verleger.

Charlotte Worgitzky

Wer die Wahl hat

Noch Kinder, wurden die beiden Schwestern getrennt durch den Krieg. Die Gegenden, in denen sie lebten, wurden später von einer aggressiv bewachten Grenze durchschnitten.
Lange Zeit schrieben sie einander nur Glückwunschkarten und Dankesbriefe für Pakete, die die eine, die wie ihre Mutter Karla hieß, aus dem Frankfurt schickte, das am Main liegt. Sie hatte einen schon älteren Handwerker geheiratet und arbeitete als kleine Angestellte in einer großen Firma. Sie blieb kinderlos, während die andere, die nach ihrer Tante Lore genannt wurde, zwei Kinder großzog. Die Pakete enthielten Kaffee, Apfelsinen, Mandeln, Rosinen, Kleidung für die Kinder – das Öffnen zur Weihnachtszeit war jedes Mal ein Fest vor dem Fest. Ein selbst gebackener Stollen, gen Westen gesandt, erleichterte Lores Gewissen. Die materielle Überlegenheit der Schwester vermochte jedoch nicht, ihr politisches Denken zu beeinflussen.
Als das Telefonieren zwischen den beiden Deutsch-Staaten vom Osten gnädig erlaubt (und überwacht), später auch erleichtert wurde, gab es ab und zu Gespräche, in denen sich herausstellte, dass ihre Ansichten auseinanderklafften; Karla wählte CDU, was Lore schockierte, zumal sie den Eindruck hatte, dass sie sich in der bundesdeutschen Politik-Landschaft besser auskannte als ihre Schwester. Karla lachte nur, wenn Lore sie vorsichtig auf ihre BILD-geprägte Weltsicht hinwies. Was die beiden zusammenhielt, war ihre gemeinsame Kindheit; keine hatte den Wunsch, sich wegen unterschiedlicher Meinungen zu entzweien.
Der politische Umbruch erleichterte die Kommunikation, änderte aber nichts an ihren Überzeugungen. Lore sagte, was sie dachte, Karla schwieg dazu, schien darüber zu lächeln.
Karlas Mann starb. Es war in den letzten Jahren nicht immer leicht gewesen mit einem, der altersstarr jede Veränderung ablehnte. Nun war sie zwar allein, schien sich aber wohl zu fühlen in ihrer neuen Freiheit, die sie allerdings mehr zur Erneuerung des Mobiliars als für Unterneh-

mungen außerhalb des Hauses nutzte. Sie wurde krank. Rheuma, zu hoher Blutdruck; Krankenhaus, Reha-Klinik, eine gewisse Passivität verschlimmerte alles, ihre Stimme klang kläglich am Telefon. Eines Tages die Nachricht, sie sei erneut in der Klinik: Schlaganfall.
Lore fuhr nach Frankfurt. Sie versuchte das Entsetzen über den Zustand ihrer Schwester vor ihr zu verbergen; dass sie so gut wie nicht mehr sprechen konnte, hatte sie vorher erfahren, nicht aber, dass auch ihr Verstand beeinträchtigt war. Der Arzt sagte, Karla sei nicht mehr in der Lage, in ihre Wohnung zurückzukehren; ein Pflegeplatz werde für sie benötigt. Ob Lore die Betreuung übernehmen könne. Sonst müsse ein staatlicher Betreuer beantragt werden.

Es dauerte eine Weile, ehe Karla einem Umzug in ein Berliner Pflegeheim zustimmte. Statt hessischem und asiatischem Personal nun ostdeutsches. Lore besuchte ihre Schwester oft, die Pflegerinnen waren liebevoll um Karla bemüht, ihr Zustand besserte sich in jeglicher Hinsicht.
Nun war sie also Bürgerin Berlins. Deutschlandwahlen standen bevor. Der große Dicke konnte nicht loslassen, wollte die Jahrhundertwende partout noch als Kanzler erleben. Lore gedachte, wie die meisten in ihrer Umgebung, dem Übervater der Nation zweimal kreuzweise einen Tritt in den Allerwertesten zu verpassen.

Karla, die ständig liegen musste, hörte viel Radio. Sie wusste also Bescheid. Mit ihren rheumaverkrümmten Händen hätte sie allerdings nicht einmal die Kreuze selbst machen können.
In Lore stritten sich Neigung mit Aufrichtigkeit. Obwohl sie es als Zumutung empfand, wollte sie das Vertrauen der Schwester nicht aufs Spiel setzen.
Noch auf ein Kopfschütteln hoffend, fragte sie Karla, ob sie wählen wolle. Ein deutliches Nicken war die Antwort.
„Ich vermute, das gleiche wie früher", hakte Lore nach. Die erneute Zustimmung war von einem schuldbewussten Lächeln begleitet.
Lore besorgte auf dem Rathaus die Unterlagen für eine Briefwahl und ließ sich belehren, wie das in einem solchen Fall vor sich zu gehen habe. Ihre Freunde bedauerten sie, meinten, ob sie es nicht vermeiden, die Kreuze gar an anderer Stelle machen oder ihre Schwester vielleicht noch von anderem überzeugen könne. Lore schüttelte zu allem den Kopf.
So bezeichnete sie vor den Augen ihrer Schwester die beiden Kreise, die das Bisherige befestigen sollten. Zusammenfalten, in den Umschlag stecken, zukleben, alles in Karlas Gegenwart; nur beim Einwerfen in den Postkasten war Lore allein. Aber auch da verbot sie ihrem Magen, sich umzudrehen.

(1998)

Charlotte Worgitzky wurde 1934 im erzgebirgischen Annaberg geboren. Ihre Kindheit verbrachte sie in Leipzig, wegen der Bombenangriffe teilweise in Freiberg/Sachsen. Von 1951 bis 1954 studierte sie an der Schauspiel- bzw. Theaterhochschule Leipzig. Anschließend spielte sie zehn Jahre an verschiedenen Bühnen der DDR, zuletzt am Maxim-Gorki-Theater in Berlin, wo sie seither lebt.
Ihre erste Erzählung erschien 1970 in der Anthologie „Landung auf Paradies Ort" im Buchverlag Der Morgen. Weitere Buchveröffentlichungen gab es im selben Verlag (ab 1991 Morgenbuch Verlag), nachgedruckt bzw. übersetzt beim Europa-Verlag Budapest, bei Droemer Knaur und beim dtv, unter anderem: 1978 „Vieräugig oder blind" (Erzählungen); 1982 „Meine ungeborenen Kinder" (Roman); 1986 „Heute sterben immer nur die andern" (Erzählung); 1991 „Traum vom Möglichen" (Roman).

Rügen-Nachspiele

Vor der Abreise von der Insel war ich heute morgen noch einmal aufgebrochen, um die Stubbenkammer aufzusuchen – leider. Denn dort, wo es mit dem eigenen Auto nicht mehr weitergeht, sondern nur mit dem Bus oder zu Fuß, und wo die Örtlichkeiten und Transportrituale für den Fremdling nicht gleich überschaubar sind, dort tauchte plötzlich die Personifizierung der DDR vor mir auf, wie ich fand – in Gestalt eines Parkplatzwächters.
Gerade als ich meinen alten Ford an der Stelle abstellen wollte, wo ich ihn am Tag meiner Ankunft auf Rügen schon einmal geparkt hatte (ohne dass der Ort damals bewacht war), fegte nun ein etwa vierzigjähriger Mann mit entgleisten Gesichtszügen herbei und brüllte mich mit überschlagender Stimme an: „Sind Sie wahnsinnig geworden? Sehen Sie nicht, dass da, wo Ihr Auto steht, Parken verboten ist?“
Darauf nicht gefasst, versuchte ich unter großer Selbstüberwindung, den Aufgebrachten zu beruhigen. Jetzt drohte der Parkplatzkommandant förmlich zu zerplatzen, als er mich mit erhobenen Fäusten anschrie: „Sie haben hier schon einmal gestanden, vor einigen Tagen, ich erkenne den Wagen wieder. Sie begehen diese Ordnungswidrigkeit also zum zweitenmal!“
Wobei seine Miene eine Fassungslosigkeit ausdrückte, dass er einem schon fast wieder leid tun konnte.
Also wies ich den Wütenden scheinbar ruhig da-

rauf hin, dass sein Ausbruch in geradezu lächerlichem Gegensatz stehe zu dessen Anlass, der übrigens ja sofort behoben werden könnte, indem ich das Auto umgehend auf den dafür vorgesehenen Platz bewegte. Doch damit hatte ich offensichtlich die Geduld des Mannes überstrapaziert, denn jetzt trat er so nahe an mich heran, dass mir sein Speichel ins Gesicht flog, als er keuchte: „Sich erst gegen den Gesetzgeber auflehnen – und dann auch noch frech werden!"

Das schien mir von allerdeutlichster und unmissverständlichster Herkunft zu sein, und deshalb ließ ich es darauf ankommen. Also schloss ich den Wagen auf der Stelle ab, wo er stand und entfernte mich in Richtung Stubbenkammer-Königstuhl – jeden Augenblick gewärtig, vom Wächter eingeholt und brachial am Weitergehen gehindert zu werden. Aber hinter mir geschah nichts, gar nichts.

Nichtsdestotrotz wühlte es heftig in mir, wölkten sozusagen innere Sprechblasen in mir hoch, wie „typisch DDR unselig, typisch real existierender Sozialismus, typisch autoritäres Gehabe nach wie vor". Gleichzeitig aber kamen in mir höchst plastische Erinnerungen hoch, dass mir ähnliches schon hundertmal in der alten Bundesrepublik begegnet war. Kaum hatte ich, vorsätzlich oder notgedrungen, gegen ein Park- oder sonstiges Verkehrsgebot verstoßen, schon trat jemand heran und herrschte mich barsch an: „Da dürfen Sie nicht stehen, das ist verboten!" Oder, noch schlimmer, mit geheuchelter Solidarität: „Besser, Sie fahren woanders hin, das kostet Sie sonst eine ganze Stange Geld!" Ihnen allen war eines gemeinsam: die Unfähigkeit, als Zeugen eines missachteten Verbots oder Gebots den Polizisten in Zivil, den stellvertretenden Staatsdiener des vorauseilenden Gehorsams in sich zu unterdrücken. Als ich zurückkam, war der Wächter verschwunden. Soweit das erste Nachspiel meiner Rügenreise. Es gab, zum Glück, noch ein zweites.

Habe ich vermerkt, dass es Samstag war? Jedenfalls will, nein muss ich heute abend noch zurück sein, denn morgen früh erwartet mich auf dem Flughafen in Köln-Wahn ein aus Übersee einfliegender Freund und Kollege der Publizistenzunft.

Bestürzenderweise machen sich jedoch hinter Demmin die ersten Anzeichen dafür bemerkbar, dass mit der Kupplung meines Fordveteranen nicht alles in Ordnung ist. Immerhin gelingt es mir, den stark stotternden Wagen auf den Randstreifen der B104 zu steuern, wo er endgültig

wie gelähmt verharrt – fünf Kilometer vor Güstrow, so ein höhnisches Hinweisschild vor mir. Panik will in mir aufsteigen: wie wegkommen von hier und zu solcher Stunde?
Nun geschieht Bemerkenswertes. Gleich der erste Wagen hält, ein Kombi mit offener Ladefläche, und ihm entsteigt ein Fahrer um die Dreißig herum. Er kommt auf mich zu, wirft einen kurzen Blick auf das gestrandete Gefährt, fragt: „Sie kommen aus Köln?“ und erklärt auf mein schwaches Nicken mit trockener Bestimmtheit: „Wo Sie auch heute abend wieder sein werden!“
Wie das? möchte ich verzweifelt fragen, bemühe mich aber, wenigstens eine zuversichtliche Miene aufzusetzen – was dem Helfer den Anflug eines Lächelns entlockt. Dann lässt er mich neben sich Platz nehmen, brettert über die Landstraße bis Güstrow, zeigt mitten in der Stadt auf ein weit sichtbares ADAC-Schild und sagt: „Alles weitere wird dort geregelt“.
Und so geschieht es, nachdem mein Retter sich, händeschüttelnd und jeden Dank verweigernd, mit einem höchst einheimisch klingenden: „Nich der Rede wert, Mann – müssen uns doch gegenseitich helfen, nich?“ verabschiedet hatte. Ich aber bin mit einem Leihwagen selbigen Tags vor Mitternacht noch in Köln, kann am Sonntagmorgen tatsächlich den Freund vom Flughafen abholen und stelle mit Freuden fest, dass das zweite Nachspiel meiner Rügenreise das kurze Ungleichgewicht meiner Bemühungen um deutsch-deutsche Gerechtigkeit erfreulicherweise wieder aufgehoben hat.

Ralph Giordano wurde 1923 in Hamburg geboren. Der jüdischen Mutter wegen fiel die Familie unter die NS-Rassengesetze. Entrechtung. Verfolgung. Berufsverbot. Gestapoverhöre, gegen Ende des Krieges Illegalität. Daraus befreit am 4. Mai 1945 in Hamburg. Nach 1945 arbeitete Giordano zunächst als Journalist, später als Fernsehdokumentarist und Schriftsteller. Er lebt heute in Köln und ist Autor der Bestseller „Die Bertinis“, 1982 im S. Fischer Verlag erschienen; „Die zweite Schuld oder Von der Last Deutscher zu sein“ sowie „Wenn Hitler den Krieg gewonnen hätte“ (1987 bzw. 1989 im Verlag Rasch und Röhring veröffentlicht). Kiepenheuer & Witsch brachten u.a. heraus: „Israel, um Himmels willen, Israel“ (1991), „Ostpreußen ade“ (1994), „Mein irisches Tagebuch“ (1996). 1998 erschien dort ein Porträt der Gegenwart: „Deutschlandreise. Aufzeichnungen aus einer schwierigen Heimat“.

Foto: I. Ohlbaum

Wolfgang Bittner

Kleine Prinzen

Bastian geht in die 7. Klasse eines Gymnasiums in Köln. Er fährt ein Zweitausendmarkfahrrad und trägt selbstverständlich nur Markenkleidung. „Für unseren Sohn ist uns kein Opfer zu groß", sagen seine Eltern. Zweimal in der Woche wird Bastian von seiner Mutter zum Tennisplatz gefahren, einmal in der Woche zum Reiten; und gerade wurde ein Klavier für ihn angeschafft. Tennis, Reiten und Klavierspielen gehören einfach dazu. Vielleicht wird Bastian ja einmal Tennisstar wie Boris Becker. Außer, dass er später studiert und natürlich „seinen Doktor" macht, wie seines Vaters oberster Chef.

Bastians Mutter, Frau Wieland, ist eine der Mütter, die ihren Söhnen die Schultasche die Treppe hinauftragen. Bastian ist dreizehn Jahre alt und soll das Abitur machen. Er ist ein kleiner Prinz. Ach, ist der Junge intelligent! Er kann schon mit einem Computer spielen. Jetzt lernt er sogar Latein, und der alten Frau Pomerening aus dem dritten Stock lässt er die Haustür vor der Nase zufallen. Er soll es einmal besser haben.

Nicht, dass es Frau Wieland und ihrem Mann schlecht ginge. Herr Wieland arbeitet bei einer Behörde, Frau Wieland halbtags als Arzthelferin. Geordnete Verhältnisse. Immer gut gekleidet, eine nicht zu kleine nett eingerichtete Wohnung, einen stets sauber gewaschenen und gewichsten Mittelklassewagen (so einen wie aus der Fernsehreklame). Solche Dinge sind wichtiger als man denkt, daran erkennt man schließlich das Niveau. Eigentlich, so meinen Herr und Frau Wieland, müsste Herr Wieland wenigstens Inspektor oder sogar Amtmann sein; jedenfalls von seiner Intelligenz her und weil sie doch einen Sohn haben, der Latein lernt. Leider hat Herr Wieland die erforderlichen Prüfungen nicht abgelegt, so dass er nur Hauptsekretär ist. Einen Zuverdienst hat er sich durch seine Versicherungstätigkeit erschlossen, die er natürlich während seiner Amtsstunden abwickelt.

Früher fuhren Wielands meistens mit ihrem Mittelklassewagen nach Jugoslawien in Urlaub. Aber die rotten sich ja gerade gegenseitig dort aus, wie man immer wieder in der Tagesschau sieht. Nun ja, solange die unter sich bleiben und nicht noch als Asylanten nach Deutschland kommen, kann einem das im Grunde egal sein, sagen Wielands. Hauptsache, uns geht's gut. Dass es 3,8 Millionen Arbeitslose gibt, interessiert Wielands nicht. Wer arbeiten will, sagt Herr Wieland, findet auch Arbeit.

Wiedervereinigung? Ja, was denn sonst! Wir brauchen ein großes und starkes Deutschland. Aber jetzt auch noch dafür zahlen? Wenn man wenigstens an das Grundstück in Leipzig herankäme, das früher einmal dem Großvater gehört hat, dann würden auch Wielands sagen: Es hat sich gelohnt.
Neulich war Frau Wielands Bruder aus Leipzig, Herr Kretschmer, mit seiner Familie zu Besuch. Die haben nicht schlecht gestaunt. Obwohl Volker, der vierzehnjährige Sohn von Herrn und Frau Kretschmer, ebenfalls aufs

Gymnasium geht, einen Computer besitzt und Latein lernt. Allerdings fahren Kretschmers einen zwölf Jahre alten Opel; den haben sie gleich nach der Wiedervereinigung von ihrem Ersparten gebraucht gekauft. Da haben sich Wielands vielleicht geschämt, als der vor dem Haus stand.
Herr Kretschmer ist seit drei Jahren arbeitslos. Vorher hatte er eine ganz gute Stellung in der Textilindustrie. Bis herauskam, dass er SED-Mitglied und obendrein IM war. Herr Kretschmer hat vor etwa zehn Jahren ein paar Mal Berichte über einen Kollegen geschrieben, den sich die Stasi aufs Korn genommen hatte. „Ehe sie mich aufs Korn nehmen...“, sagte sich Herr Kretschmer damals. Jetzt muss er dafür büßen. Außerdem hat seine Firma Konkurs gemacht.
Ja, wäre Herr Kretschmer Nazi und Gestapo-Mitarbeiter gewesen...! Aber dazu ist er viel zu jung. Vielleicht erhält er ja demnächst die Anstellung bei der Bank in Leipzig, bei der er sich beworben hat. Der Personalchef ist sein früherer „Führungsoffizier“ von der Stasi und erinnerte sich noch. Kretschmers blicken jedenfalls wieder vertrauensvoll in die Zukunft.
Sollte sich alles so entwickeln, wie sie es sich vorstellen, wird Frau Kretschmer ihre Kleider demnächst auch in „ihrer“ Boutique kaufen. Herr Kretschmer wird sich alle zwei Wochen bei „seinem“ Haarstylisten einen Messerschnitt leisten können. Sie werden sich einen brandneuen Mittelklassewagen kaufen (so einen wie in der Fernsehreklame), eine schicke Ledergarnitur, ein Videogerät und einen CD-Player. Und Volker wird dann Tennisspielen lernen, reiten und Klavierunterricht bekommen.
Am liebsten hätten Kretschmers und Wielands natürlich eine Villa mit Swimmingpool, Domestiken, einen Rolls Royce und vergoldete Klodeckel. Was nicht ist, kann ja noch kommen! Womöglich werden ihre Prinzen Tennisstar, Bundeskanzler oder sie heiraten eine Prinzessin. Okay. Ist doch klar! Oder?

(1999)

Wolfgang Bittner geboren 1941, freier Schriftsteller in Köln, Dr. jur., schreibt für Erwachsene, Jugendliche und Kinder, Mitglied in VS und PEN, mehrere Literaturpreise. Zuletzt erschienen die Romane „Wo die Berge namenlos sind“, „Die Lachsfischer vom Yukon“, „Narrengold“ (Bertelsmann) und „Marmelsteins Verwandlung“ (Klöpfer & Meyer) sowie das literarische Sachbuch „Beruf: Schriftsteller/in“ (Autorenhaus-Verlag).

Eva Simon

Unterwegs

Als Fortbildnerin für Grundschulen bin ich in den letzten drei Jahren viel in Mecklenburg-Vorpommern herumgekommen. Ich war in Barth, Boizenburg und Born, in Dierhagen, Dodow und Dummerstorf, in Greifswald und Ludwigslust, in Neustrelitz und Neverin, in Parchim, Rövershagen und Rostock, in Schwerin, Siggelkow, Suckow und Stralsund und auch in Tribsees, Wismar, Wittenburg und Wustrow.

Ich habe in Hotels übernachtet und in kleinen Pensionen, in ausgebauten Garagen und Ställen oder bin von den KollegInnen privat untergebracht worden. Dabei habe ich das huppelige Ausziehsofa in der Plattenbauwohnung ebenso kennen gelernt wie das extra für mich geräumte elterliche Schlafzimmer in der Neubauvilla. Einmal hat man mich zu einem quäkenden Kleinkind gesperrt, ein anderes Mal jaulte der Hund die halbe Nacht vor der Tür, weil sein Körbchen in „meinem" Zimmer stand. Gelegentlich trat mir der Sohn des Hauses, z. Zt. bei der Bundeswehr, sein Zimmer ab, und ich schlief unter Großfotos von Tornados und militärischen Aufmarschplänen.

Manchmal hatte ich Mühe, das beschriebene Quartier zu finden. In Rostock nannte ich die Adresse und erhielt regelmäßig die Antwort: „Das ist bei der Windmühle da." Ich fuhr und fuhr – keine Windmühle weit und breit. Grinsend klärte mich ein Tankwart auf: Der Wohnturm, an dem ich schon zigmal vorbeigefahren war, würde Windmühle genannt, weil der Wind immer so um ihn herumheule.

Obwohl mich die KollegInnen – mit einigem finanziellen Aufwand – zu sich „geholt" hatten, spürte ich zu Beginn der Veranstaltung fast jedes Mal Skepsis und auch eine Art von trotzigem Aufbegehren, wohl in der Befürchtung, die Wessi-Frau könnte sie „kleinmachen" wollen. Zu oft hatten sie das bei Gurus aus dem Westen erlebt, was eine Stralsunder Lehrerin so zusammenfasste: „Gleich nach der Wende sind Pädagogen zu uns gekommen, die haben getan, als wenn wir hier noch nicht Lesen und Schreiben gelernt hätten."

Die Gespräche am Abend mit den Kolleginnen, ihren Ehemännern und Kindern waren mindestens so wichtig für mich wie die Fortbildungsarbeit an den Schulen am Morgen. Ich stritt mich ebenso mit einer neuöstlichen Esoterikerin über Religion wie mit einem ehemaligen NVA-Offizier über Politik, wurde unfreiwillige Beichtmutter für Eheprobleme und völlig inkompetente Ratgeberin für Finanzierungspläne.

Aber ganz gleich, womit wir angefangen hatten, es kam regelmäßig die Frage nach den Unterschieden zwischen Ost und West auf – den real existierenden – und weil ich doch eine Viel- und Weitgereiste sei und beide Seiten kenne, solle ich mal ehrlich kundtun... Da hatte ich mein Dilemma! Sollte ich ihnen wirklich sagen,

– dass ich ihren Badezimmer-Kosmetik-Kult für reichlich übertrieben und ihren Geschmackssinn im engeren und weiteren Sinn für im gleichen Maße unterentwickelt halte?

– dass ich sie beruflich immer noch für weniger flexibel halte als ihre KollegInnen im Westen?

– dass ich geradezu allergisch geworden bin gegen den Satz „Wir müssen aber erst einmal eindecken."? (Der offensichtlich lebenswichtige Hang zur Tischdekoration fand nicht selten mehr Aufmerksamkeit als das zentrale pädagogische Anliegen.)

Nein, das alles sagte ich nicht.

Oder sollte ich nur vom Angenehmen berichten? Von ihrer warmherzigen Fürsorge, ihrem unkomplizierten Pragmatismus und ihrer schlichten Offenheit?

Nein, auch das ließ ich meistens bleiben.

Stattdessen berichtete ich von dem Schulleiter, der mir das vereinbarte Honorar in Kleinmünzen aus seiner Hosentasche auf den Tisch zählte, was westliche Kollegen mit amüsiertem bis mitleidigem Kopfschütteln zu kommentieren pflegten. „Vielleicht hatte die Sparkasse nicht geöffnet“, versuchte eine Ost-Kollegin ihn in Schutz zu nehmen. Dafür hätte ich sie umarmen mögen!

Schließlich die Geschichte aus Parchim: Bei einem Bummel durch den Ort komme ich an einer Boutique vorbei. Im Schaufenster modisch hochwertige Kleidungsstücke. Überall Schildchen dran. Sehr viel „Tweet“, fast überall „Tweet“. Ich vergewissere mich, dass der Laden leer ist und sage dann zu der Verkäuferin im freundlichen Nicht-Oberwessi-Ton, dass „Tweed“, sofern es sich denn um den englischen Stoff handele, mit „d“ am Ende geschrieben würde.

Hier machte ich jedes Mal eine Pause und ließ die Leute vermuten, wie die Verkäuferin wohl reagiert hätte. Die ganze Bandbreite von Erschrecken, Schildchen einsammeln und neu schreiben, sich bedanken oder schnippisch werden... tauchte bei West-Zuhörern auf.

Tatsächlich geht die junge Frau nach hinten, holt eine Liste und sagt triumphierend zu mir: „Hier steht es aber auch mit ‘t’ am Ende.“ Darauf fragte ein Kollege aus Neubrandenburg: „Ja, und stand es denn wirklich so drauf?“ So viel zu Unterschieden!

(1999)

Eva Simon wurde 1935 in Hannover geboren. Sie ist Lehrerin (pensioniert) und Dozentin. Mit ihrem Ehemann lebt sie seit 1971 in Hamburg. Sie hat zwei erwachsene Töchter. Eva Simon beschäftigt sich schon seit geraumer Zeit mit Literatur. 1987 erschien ihr erstes Kinderbuch „Geschichten von Jan und Knispel“ beim dtv. Im Oldenbourg Verlag München veröffentlichte sie zahlreiche Fachbücher. Eva Simon schrieb Drehbücher für die Sesamstraße sowie Glossen in der „Brigitte“ und anderen Zeitschriften. 1999 erschien „Wenn die Kinder aus dem Haus gehen“ im Herder Verlag. Im August 2000 wird im gleichen Verlag „Was mir gut tut, wenn’s mir schlecht geht“ herausgegeben.

Grit Poppe

Spielregeln

Der Ort bei Potsdam, in dem ich aufwuchs, lag an der Mauer. Als Kind lief ich auf stillgelegten Schienen, unter toten Brücken entlang, die allmählich vor sich hinrosteten. „Fünf Minuten bis Wannsee“, hieß es bei den Älteren, die noch davon erzählen konnten, wie sie die Badehose eingepackt hatten. Für uns Kinder war es eine Geschichte von vielen, die die Erwachsenen erzählten, die sich wiederholten und die wir immer wieder gern und neidisch hörten. Aber als wir an jenen Gleisen spielten, uns mit Russenkindern prügelten oder Steine schmissen, um uns hinterher zu vertragen (was anstrengender war) und manchmal die Papyrossi als Friedenspfeife zu rauchen, dachten wir nicht an diese Geschichte; es war eben nur eine Erinnerung aus einer Zeit, in der es uns noch nicht gegeben hatte, also ewig lange her. Das Gebiet zwischen NVA- und Russenkasernen und der Mauer war unser alltäglicher Spielplatz.

Natürlich kamen wir nicht bis an die Mauer heran; es gab Verbotsschilder (die wir manchmal im Spiel übersahen), aber es gab auch bewaffnete Posten und Hunde vor der Mauer, die „dort hinten“ irgendwo stand. Zu diesem Spielplatz gehörte der verwilderte Teil eines großen Waldfriedhofes, und ebenso, wie sich der Förster geärgert haben mag über die Wigwams, die wir in unserem „Dschungel“ bauten, haben sich vielleicht die Grenzer erschrocken, als vor ihren Gewehrläufen plötzlich Kinder auftauchten. Die Männer saßen oben in den Bäumen, und sie sahen uns, bevor wir sie erkennen konnten, da brüllten sie schon zu uns herunter, lauter und wütender, als wir es selbst von manchem unserer Lehrer gewohnt waren. Kaum zu erwähnen brauche ich wohl, dass auch mir die Knie schlotterten. Schließlich hatten wir es immer wieder gehört: dass Leute erschossen wurden an dieser Mauer.

Auf der Fahrt mit der S-Bahn (Ost) konnte ich dann sehen, dass es sie wirklich gab: Sie sah weiß und langweilig aus, sie wirkte so nüchtern wie die Tatsache, dass wir mit ihr leben mussten und lebten. Dass sie

auf der West-Seite kunterbunt angemalt war (wie die schwarz-weißen VEB-TVs höchstens ahnen ließen), galt nur als ein Beweis von unendlich vielen, „dass drüben alles anders ist". Westberlin, dessen Häuser in greifbarer Nähe schienen, ähnelte eher einer Fata Morgana: Man konnte wohl darauf zulaufen, aber würde es niemals erreichen. Was hinter der Grenze lag, war unser Kafka-Schloss: ob es nun Hamburg, Venedig oder New York hieß. Hätte man uns Kinder im Spiel gefragt, wer wir sind und welcher Nationalität wir wohl angehören würden, wäre meine Antwort ziemlich eindeutig gewesen: Wir sind Indianer vom Stamm der Dakota. So etwas Langweiliges wie eine Deutsche wollte ich nie sein. Als Kind wusste ich, in welchem US-Staat die Black Hills liegen, aber nicht, welcher Fluss in Halle fließt.

Einzig in den Tagen im Oktober und Anfang November '89 konnte ich etwas wie Stolz und Freude empfinden, in der DDR zu leben, und ich dachte zum ersten (und vielleicht letzten) Mal ohne Ironie „mein Land". Ein Wort, das jahrelang von der Macht missbraucht worden ist und nur noch hohl in meinen Ohren klang, begann für ein paar Tage wieder zu leben: das Wort „Wir". Die bekannt gewordene Definition dieses Wortes (Wir sind das Volk!), die so simpel wie trotzig und aufmüpfig erschallte, hätte vielleicht zur Formel einer Revolution werden können, aber mit der Maueröffnung war die Revolution schon wieder vorbei: Es ging plötzlich, von einem Tag auf den anderen, nicht mehr um die Selbstbestimmung dieses Volkes; die nationale Frage blähte sich fast von selbst auf und schob alles andere beiseite. Nach dem 9. November fragten die Leute auf der Straße nicht mehr nach dem Termin der nächsten Demo, sondern nach den günstigsten Einkaufsmöglichkeiten in Westberlin.

Am 10. November '89, einem Freitag, fuhren wir dann zu viert im Trabi „in den Westen". Bis zu den Grenzhäusern in Dreilinden konnten wir es nicht glauben, dass sie uns „durchlassen" würden, obwohl vor uns und hinter uns Autos fuhren, die ganz offensichtlich weder Mercedes noch Audi hießen. In diesem Moment dachten wir nicht an die nächste Demo und nicht daran, dass nun viel weniger Leute auf die Straße gehen würden; wir fuhren in einer Art Trance an dieser Mauer vorbei, Richtung Ku'damm. Es war wie ein kindlicher Traum: schön und unwirklich.

Seit dem Anschluss der DDR an die Bundesrepublik scheint es dem Ostler etwa so zu gehen wie Kafkas Landvermesser K.: Das Schloss vor Augen, kämpft er vergeblich darum, hineinzugelangen. Schon in dem Dorf, das vor dem Schloss liegt, stolpert er immer wieder über Spielregeln, die er weder begreifen noch akzeptieren kann.

Meine Kinder sind jetzt sieben und drei Jahre alt. Sie sind im vereinigten Deutschland geboren, und ich hoffe, dass sie Ost und West einmal als das betrachten können, was sie sind: Himmelsrichtungen. (1999)

Grit Poppe wurde 1964 in Boltenhagen geboren. Aufgewachsen ist sie in Stahnsdorf bei Potsdam. Mit ihrem Mann und ihren beiden Kindern Niklas und Marie lebt sie heute in Potsdam. Von 1984 bis 1988 studierte Grit Poppe am Literaturinstitut in Leipzig. 1992 erhielt sie den Literaturpreis des Landes Brandenburg und zwischen 1991 und 2000 zahlreiche Stipendien für Autoren. 1990 erschien im Mitteldeutschen Verlag ihr Erzählband „Der Fluch". Nach der Veröffentlichung von Erzählungen und Kurzgeschichten in verschiedenen Anthologien und Zeitschriften kam im Berlin Verlag 1998 ihr Roman „Andere Umstände" heraus. 1999 erschien im Altberliner Verlag „Alabusch oder das Herz des Vulkans", ein Roman für Kinder ab zehn Jahre.

Foto: S. Paustian

Johannes Popp

Getarnter Ossi

Ich muss es Ihnen anvertrauen, ich bin ein Ossi, mit einer Mutter aus Leipzig und einem Vater aus Werdau – ein Kind der DDR, Jahrgang 1966, als die Mauer antifaschistischer Schutzwall hieß. Ich wuchs in einem evangelischen Pfarrhaus auf – ein Makel in den Augen der damals Mächtigen. Meiner elterlichen Erziehung verdanke ich viel. Ich wurde zweisprachig erzogen. Neben Sächsisch spreche ich fließend Hochdeutsch und bin somit – unbeabsichtigterweise – zum getarnten Ossi geradezu prädestiniert. Da es für getarnte Ossis (nicht zu verwechseln mit den berüchtigten „Inoffiziellen Mitarbeitern") keine Behörde, keine

Akten, nicht einmal einen Beauftragten der Bundesregierung gibt, bitte ich um Ihre geschätzte Aufmerksamkeit.
Das Schicksal des getarnten Ossis ereilte mich zum ersten Mal im Ausland, wohin ich Sie zu Beginn meines Berichtes also kurz entführen muss. An einem nebligen Februartag 1992 passierte ich am Bodensee die deutsch-schweizerische Grenze in Richtung Zürich – ungetarnt – vielmehr mit einer Niederlassungsbewilligung B der eidgenössischen Behörden. Zuletzt hatte ich in Chemnitz gewohnt, jener Stadt, welche bis zur Wiedervereinigung in westlichen Atlanten stets nur klein gedruckt und in Klammern unter „Karl-Marx-Stadt“ zu finden war. Kein Schweizer kannte Chemnitz, und keiner bemerkte, dass ein richtiger Ossi mitten unter ihnen war. Bis ich dann die Tarnung aufgab und bei jeder Vorstellung tapfer darauf hinwies, Chemnitz liege in der ehemaligen DDR. „Ah, das isch doch da zwischen Düütschland und Polen“, meinte daraufhin ein begeisterter Appenzeller und fotografierte mich neben seiner Freundin wie eine vom Aussterben bedrohte Affenart. Das gab mir zu denken.
Als ich später von Zürich nach Stuttgart zog, kam wieder niemand auf die Idee, dass ich ein Ostdeutscher sein könne. Ein Ossi, der aus der Schweiz kommt, passt nicht ins Klischee. Deshalb möchte ich Ihnen einige Tipps im Umgang mit getarnten Ossis geben. Zu besonders peinlichen Situationen kann es bei lockerer Unterhaltung auf Partys kommen. In Stuttgart traf ich bei einer solchen Gelegenheit Matthias, einen Handelsvertreter, der kürzlich nach Leipzig gezogen war. Leipzig sei ja ganz nett, meinte er. Aber es könne kein Mensch in Sachsen ordentlich deutsch reden, schimpfte er in breitestem Schwäbisch. Ich nickte aufmunternd, um ihm trickreich weitere Klagen über die Ossis zu entlocken. Und überhaupt, das Arbeiten hätten die auch nicht erfunden. Kein Wunder, dass er keine Ossis in Führungspositionen kenne. Ob er sich da so sicher sei, gab ich zu bedenken, was er überhörte. Nachdem er eine Weile gemeckert hatte, fragte ich ihn, ob er schon mal im „Markt 9“ gewesen sei, dort könne man prima Leute treffen. „Kennst du Leipzig“, fragte er mich verunsichert. „Klar, ich bin oft dort. Ich habe da studiert. Grüße den Osten von mir“, antwortete ich und klopfte ihm freundschaftlich auf die Schulter. Seine gute Laune war aus unerklärlichen Gründen plötzlich verflogen.

Gewiss, auch im Osten halten sich hartnäckig Klischees über den Westen – zum Beispiel dieses, dass der überwiegende Teil der Bevölkerung von Frankfurt am Main aus Millionären und Verbrechern besteht. Seit drei Jahren wohne ich in Frankfurt. Und ich lebe! Im vergangenen Jahr entschloss ich mich, mein sauer verdientes Geld in eine Wohnung in Leipzig zu investieren. Ich bin übrigens weder Millionär noch Verbrecher. Es war ein Fehler, in der Annonce der Leipziger Volkszeitung meine Faxnummer anzugeben. 069 wurde von den Maklern sofort als Frankfurter Vorwahl erkannt. Am Tag als die Suchanzeige erschien, betrat ich mein Wohnzimmer. Wo der Blick sonst auf meinen Schreibtisch fällt, entdeckte ich einen Berg von 15 Metern Faxpapier mit Angeboten an den sehr geehrten Inserenten in Frankfurt am Main. Halbe Stadtteile wurden mir offeriert, Gründerzeitvillen, ob ich ein Marmorbad wünsche (ich hatte eher an eine Duschkabine gedacht), Jugendstilhäuser... Nur schwer war es den Maklern klar zu machen, dass ich zwar in der Bankenmetropole wohne, aber dennoch nur eine ganz normale Wohnung und keine Jugendstilvilla suche. Endlich war es soweit, der Kaufvertrag wurde unterschrieben, Makler, Notar und ich strahlten zufrieden. Abschließend erkundigte ich mich, „wann fährt die Straßenbahnlinie 1 wieder nach Mockau?“ Dem Makler entglitt der Unterkiefer, „ach, Sie stammen wohl auch von hier?“ Seine Frage beantwortete ich mit einem freundlich sächsischen „nu freilich“!
Aber kürzlich, da passierte es mir. Ich meldete mein Auto zur Durchsicht an. Daraufhin schaute der Kfz-Mechaniker in Frankfurt mit verschwörerischem Grinsen zu mir herüber und flüsterte: „Nu, sind Se och rübergemacht?“ Jetzt weiß ich, hier bringt man sein Auto nicht zur Durchsicht, sondern den Wagen zur Inspektion.

(1999)

Johannes Popp wurde 1966 als Pfarrerssohn in Oelsnitz/Vogtland geboren. Nach der Schulzeit im damaligen Karl-Marx-Stadt (Chemnitz) und in Moritzburg bei Dresden sowie dem Theologiestudium in Berlin (Ost) und Leipzig absolvierte er eine Buchhändlerlehre. Nach der Wende lebte er kurze Zeit in Großbritannien und arbeitete dann für Verlage in Zürich, Stuttgart und Frankfurt a. M. Seit dem Jahr 2000 lebt er in Hamburg. 1994 wurde im Westkreuz-Verlag sein erster Roman „Die Veränderung“ herausgegeben, in dem er den Bogen vom Schicksal einer Leipziger Verlegerfamilie hin zum Wendeherbst 1989 schlägt. Zehn Jahre nach dem Fall der Mauer wird hier ein Stück deutscher Geschichte wieder lebendig. Kürzlich erschien sein zweiter Roman „Die Babel-Intrige“ im Himmelstürmer Verlag, Hamburg.

Gerlinde Handt

Harzreise

„Halt sofort an – bitte", Karla, die seit fast zwei Stunden kein Wort mehr gesagt hat, erwacht wie aus einem Traum. Robert, ihr Mann, lenkt den neuen Wagen vorsichtig an den Straßenrand. Ungeachtet des Nieselregens steigt Karla hastig aus dem Wagen aus. Hier hatte sie vor vielen Jahren gestanden und auf das kleine Dorf hinab gesehen. „Sind tatsächlich schon 40 Jahre vergangen?", die Frau redet leise vor sich hin. Damals, kurz vor dem Bau der Mauer, hatte sie dem Dorf und der DDR den Rücken gekehrt und war seit dem nicht wieder hier gewesen. Ihre Eltern, treue Parteigenossen, hatten sofort jeden Kontakt zu der republikflüchtigen Tochter abgebrochen. Vater und Mutter sind inzwischen verstorben, selbst zur Beerdigung hatte sie den Weg hierher nicht gefunden, was sie sich heute zum Vorwurf macht.
Während Karla im Regen über ihre Vergangenheit nachdenkt, trommelt Robert nervös auf dem Lenkrad herum. „Das kann ja heiter werden, was Prinzessin", damit dreht er sich zu seiner 18-jährigen Tochter herum. „Wie schön könnte es jetzt auf Mallorca sein. Sonne, Meer, Strand, aber deine Mutter muss ja unbedingt in dieses Kaff fahren. Na ja, vielleicht sieht sie endlich was von ihrem Erbe." Susanne, die Tochter der beiden, schüttelt unwillig den Kopf. „Hoffentlich bleibt es bei diesem einen Trip in die Vergangenheit...," Robert hält mitten im Satz inne, seine Frau ist lächelnd eingestiegen. „Es sieht wirklich alles aus, wie vor 40 Jahren." „Ja, die Straßen stammen auch noch aus Ulbrichts Zeiten. Da jedenfalls bleibt mein Solidaritätsbeitrag nicht." Robert hat den Wagen gestartet und fährt vorsichtig die schmale Straße entlang. „Von diesen Ortsnamen 'Elend' und 'Sorge', hat bestimmt noch keiner meiner Freunde etwas gehört", meldet sich Susanne. „Ja, aber auf Mallorca oder Ibiza kennen sie jeden Berg und jede Disko", kontert Karla lächelnd. „Für euch hatte doch der Harz nur einen westlichen Teil, aber das ist ja auch nicht eure Schuld, das haben andere zu verantworten." „Ich bin jedenfalls gespannt auf diese Ossis", Susanne streicht ihrer

Mutter liebevoll über den Kopf. „Auf keinen Fall muss man sie anstaunen, wie Affen im Zoo.“ Karla ist jetzt ernst geworden und sieht auch ihren Mann fragend an. „Ich möchte nur wissen, wie mein Bruder aussieht, der war ja damals erst 10 Jahre alt, als ich wegging.“
Zur gleichen Zeit herrscht im Hause von Martin, dem Bruder von Karla, rege Betriebsamkeit. Immer wieder macht Renate, seine Frau, einen Kontrollgang durch alle Räume. „Ich bin sicher, deine Schwester kommt

nicht ohne Grund hierher. Du wirst sehen, die will jetzt ihr Erbteil vom Haus. Wenn ich daran denke, wie wir uns hier gequält haben bis es so aussah, wie jetzt, und die wollen nur abstauben.“ Martin schüttelt abwehrend den Kopf. „Jetzt warte doch erst einmal ab, ehe du dich aufregst“, doch ganz im Stillen befürchtet er auch, dass Karla Forderungen anmeldet. Natürlich war es nicht ganz richtig, dass seine Eltern ihm das Haus allein überschrieben haben. Wer konnte auch ahnen, dass es diese

Grenze einmal nicht mehr geben wird. Heute kann man dem Haus seinen ursprünglichen Zustand nicht mehr ansehen. Konnten doch die Eltern, bei dem ständigen Notstand an Baumaterialien, nicht viel ausrichten. Jetzt haben Martin und Renate ein schmuckes Häuschen daraus gemacht, worauf sie mit Recht sehr stolz sind. „Man hört jetzt so oft, dass die Wessis kommen und ihr Erbe einfordern, ungeachtet dessen, was die derzeitigen Besitzer investiert haben. Wenn dies die neue Freiheit sein soll – danke", Martin wird jäh aus seinen Gedanken gerissen.
„Sie kommen", Enrico, der Sohn, hat schon die Tür geöffnet. „Tolles Auto, die brauchen sicher unsere paar Kröten nicht", lächelnd klopft er seinem Vater auf die Schulter. „Wenn du doch recht hättest, mein Sohn", Renate ist immer noch recht skeptisch. Karla, Robert und Susanne sind inzwischen ausgestiegen. „Wieso hat mir eigentlich niemand gesagt, dass ich eine so hübsche Kusine habe", Enrico drückt Susanne fest an sich. Damit ist das Eis gebrochen, auch die Erwachsenen begrüßen sich freundlich.
Als der Besuch nach einer Woche zu Ende geht, ist der Abschied herzlich, wie bei alten Freunden. Auf der Rückfahrt gibt Karla ihrem Mann spontan einen Kuss. „Womit habe ich mir das denn verdient?" Er sieht seine Frau fragend an. „Ich bin so glücklich, dass du die Idee mit der Regelung des Erbes hattest." „Na ja", brummt Robert verlegen, „einmal im Jahr sind ein paar Tage Urlaub im Harz ja auch nicht schlecht."
„Und wenn es nichts kostet, dann ist Papa jeder Ort recht, sogar der Osten", kontert Susanne. „Im übrigen habe ich festgestellt, dass die Jugendlichen hier total geil sind. Aber eigentlich genau so wie bei uns." „Und", so fügt sie lächelnd hinzu, „sie kennen Mallorca und Ibiza auch viel besser, als den Bayerischen Wald."

(1999)

Gerlinde Handt wurde 1952 in Westeregeln (heute Sachsen-Anhalt) geboren. 1989 flüchtete sie über Ungarn in die BRD nach Greven, wo sie noch heute mit ihrer Familie lebt. Gerlinde Handt schrieb viele Kurzgeschichten, im Jahre 1997 z.B. eine Serie Grevener Stadtgeschichten, die sich mit den Problemen der Menschen in einer Kleinstadt auseinander setzt und in der „Münsterschen Zeitung" erschien. Im Jahr zuvor hatte der Tebbert Verlag ihren Roman „Der lange Weg nach Westen" herausgebracht, der in autobiografischen Sentenzen die Flucht der Familie und die politischen Ereignisse des Jahres 1989 behandelt. Momentan arbeitet Gerlinde Handt an einem neuen Roman.

Westkontakte

Ein Anruf am frühen Morgen: Die „Frauenbrücke Ost/West“ mit Sitz in Sinsheim/Baden-Württemberg plane eine gemeinsame Veranstaltung mit Ost- und Westautorinnen. Ob ich und meine Tochter Christiane wohl daran teilnehmen könnten? Honorar könnten sie leider nicht zahlen, aber sie würden uns die Fahrtkosten ersetzen, und außerdem könnten wir das (gedachte) Honorar, das sie uns quittieren würden, von der Steuer absetzen. Ohne solche Finessen näher zu kennen, sagte ich zu. Eine Begegnung mit Westautorinnen? Wer mochte da kommen? Gabriele Wohmann? Elfriede Jelinek?

Es kamen zwei Jugendbuchautorinnen aus Heidelberg, eine Jüngere, die ich noch nicht kannte, und Marie Marcks, der ich bereits früher einmal begegnet war. Aus dem Osten war außer uns beiden eine Leipziger Autorin gekommen, der ich im Schriftstellerverband noch nie begegnet war. Sie sei auch nicht Mitglied gewesen, erklärte sie. Eine Dissidentin? Nach ihrem Diskussionsbeitrag war das kaum anzunehmen. Sie hatte kirchlichen Kreisen angehört. Autorinnen dieses Umfeldes hatten es in der Literaturlandschaft der DDR nicht eben leicht gehabt.

Der Saal war gefüllt bis auf den letzten Platz, immer noch mussten Stühle aus Nebenräumen herbeigeschafft werden. Ich war erstaunt über die rege Beteiligung, die auch die Veranstalterinnen nicht erwartet hatten. Das Interesse an politischen Fragen, vornehmlich an Problemen der neuen Bundesländer, sei gering, hatten sie uns gesagt. Doch dieser Abend schien uns eines Besseren belehren zu wollen. Aufmerksam hörte das – vorwiegend junge – Publikum zu, was wir ihnen aus unserem Schriftsteller-Dasein zu DDR-Zeiten zu berichten hatten. Unglaube malte sich auf ihren Gesichtern. Banden wir ihnen auch keinen Bären auf? Hatten wir wirklich vom Verkauf unserer Bücher leben können? Waren die Auflagen tatsächlich so hoch. Ich erzählte ihnen, dass die erste Auflage – in der Regel 10 000 Exemplare – meist schon an die Bibliotheken wegging, die das Land bis in die entlegensten Orte mit einem dichten Netz überzogen (heute werden viele Bibliotheken gerade „abgewickelt“). „Vielleicht“, rief jemand aus einer der hinteren Reihen, „wurden die Bücher angekauft, aber nicht gelesen. Sie sollten nur den Bestand vermehren“. Ich brauchte eine Weile, um meine Fassung wiederzufinden. Wie konnte man auf solchen skurrilen Gedanken verfallen! Die Ausleihzahlen hätten leicht das Gegenteil beweisen können, ebenso der zerlesene Zustand der Bücher. Ich weiß nicht, ob sich der Zweifler überzeugen ließ. Tiefe Unkenntnis über das Leben in der DDR ließen auch die anderen erkennen. Aber sie waren doch wenigstens gekommen, um uns anzuhören. Ein Anfang, der hoffen ließ.

Ich wohnte die paar Tage bei meinem Vetter Berthold, den ich erst nach der Wende wiedergetroffen hatte, nachdem wir uns vorher 25 Jahre aus den Augen verloren hatten. Eines Tages stand er in Berlin vor meiner Wohnungstür. Hatte er plötzlich Sehnsucht nach seiner ostdeutschen Cousine bekommen? Nein, er war natürlich in Geschäften hier: Ein Einfamilienhaus, das er von seinen Eltern geerbt, aber nie selber bewohnt hatte, wollte er nun zurückerhalten. Ob ich ihm einen cleveren Ost-Anwalt empfehlen könne? Nein, das konnte ich nicht. Einmal, weil ich mit dieser Rückgabe von Häusern an Alteigentümer nichts zu tun haben wollte, aber auch, weil ich keinen Rechtsanwalt kannte. Berthold schien mir nicht zu glauben. „Wieso – seid ihr denn nie aufs Gericht gegangen?“, fragte er. „Nicht in Steuersachen? Wegen Eigentumsfragen? Wegen Querelen mit dem Arbeitgeber? Aber das gibt’s doch nicht!“ – „Doch, das gab’s“, erwiderte ich. Aber dass es jetzt anders war, nach der Wende, das wusste auch

ich, und darum hatte ich schleunigst eine Rechtshilfe-Versicherung abgeschlossen, denn schon drohten mir Meinungsverschiedenheiten mit Verlagen, die sich nicht an früher abgeschlossene Verträge hielten, mit dem Vermieter, der den Preis für die Wohnung unbotmäßig in die Höhe schraubte, mit einem Versandhaus, das mir den fest zugesagten Gewinn für eine Rätsellösung nicht auszahlen wollte. „Ja, wir passen uns an“, sagte ich ironisch. „Bald werden wir im Osten die gleichen paradiesischen Verhältnisse haben, wie sie bei euch im Westen seit langem herrschen“.
Berthold nahm es als Kompliment. „Ja, zum Glück“, bestätigte er. Aber er hasst es, von Ost und von West zu reden, von Ossis und Wessis. „Wir sind doch alle Deutsche“, ist eines seiner Lieblingsworte. Und: „Auch wir haben nach ‘45 mit nichts angefangen“. Aber ihr habt die Care-Pakete in Empfang genommen, denke ich bei mir, während bei uns die Fabriken demontiert wurden, weil wir – und nur wir! – die Reparationen an die Sowjetunion bezahlen mussten. Doch es lohnt nicht, mit ihm zu rechten. Er hat dreißig Jahre oder mehr ein CDU-Blatt redigiert, und ich werde seine einbetonierte Meinung nicht erschüttern können, zumal wir die Verlierer sind. Der Sozialismus hat versagt, und nun haben wir gefälligst von den Kapitalisten zu lernen, wie man es besser macht. – Nach wenigen Tagen reise ich wieder ab. Berthold hat sein Bestes versucht, um mir den Aufenthalt bei ihm angenehm zu gestalten. Aber sind wir einander wirklich näher gekommen – Deutsche aus Ost und aus West?

Elfriede Brüning, 1910 in Berlin geboren, schrieb mit 22 Jahren ihr erstes Buch. Als Mitglied im „Bund proletarisch-revolutionärer Schriftsteller“ arbeitete sie in der Nazizeit illegal bis zu ihrer Verhaftung. Seit 1950 ist sie freischaffend. Sie schrieb Romane, Erzählungen, Reportagen, Fernsehspiele und zwei Theaterstücke. 1990 erschien ihr Buch „Lästige Zeugen“, Tonbandgespräche mit Opfern der Stalinzeit. Ihre Autobiografie „Und außerdem war es mein Leben“ wurde vom dtv-München neu herausgegeben. „Westkontakte“ ist ein Text aus den Nachwende-Notizen „Jede(r) lebt für sich allein“. Demnächst – zu ihrem 90. Geburtstag im November erscheint im Dietz-Verlag „Spätlese“, ein Buch mit ausgewählten Erzählungen.

Rita Kuczynski

Kati macht sich selbständig

Ich beschloss, meine 200 Quadratmeter große Wohnung in Ostberlin nach dem Mauerfall erst einmal zu behalten. Ich brauchte bei allem Auf- und Abbruch, der stattfand in dieser Zeit, einen mir vertrauten Ort, auf den ich zurückkommen konnte.
Da die Miete nach der Einheit stieg und stieg, entschied ich zu vermieten. Bald stellte sich heraus, zwei Zimmer in meiner Wohnung konnten sich nur Westdeutsche leisten. Für Ostgehälter waren die Zimmer schlicht zu teuer. Ich bot dem Berliner Senat die Räume als Luxusappartement im Osten an. Nachdem sich ein Mitarbeiter der Behörde die Wohnung angesehen hatte, bekam ich bald den ersten Bonner Beamten zugewiesen. Wie sich herausstellte, kam er nicht aus Bonn, sondern aus Stuttgart, war 23 Jahre alt und für die Bundesanstalt für Arbeit tätig. Im Neubaugebiet Berlin-Marzahn sollte er seine ostdeutschen Kollegen einarbeiten.
Na großartig, dachte ich, jetzt habe ich das Arbeitsamt sogar in der Wohnung. Ich beschloss nicht zu sagen, dass ich gerade arbeitslos war, weil ich die Übergangsregelung für ostdeutsche Künstler wahrgenommen hatte. Meine 68er-Freunde hatten mir dringend dazu geraten und erklärten mir geduldig, warum dies ein Sonderangebot der Wende sei, als selbständige Künstlerin in den Leistungsbezug des Arbeitsamts kommen zu können. Einige meiner westdeutschen Berufskollegen würden mich darum beneiden.
Ich stellte mich meinem Bonner Beamten also als freiberufliche Publizistin und Schriftstellerin vor, was auch stimmte, nur dass ich, wenn Honorare oder Stipendien ausblieben, mich arbeitslos meldete. Ich hatte die Idee, wenn er erführe, dass ich im Leistungsbezug des Arbeitsamts stünde, könnte er mit mir Konflikte als seiner Wirtin bekommen.
Zu der Zeit, da ich an die Bundesanstalt für Arbeit untervermietete, schrieb ich wie besessen einen Roman und schlief kaum. Der junge

Mann aus Stuttgart war sehr beeindruckt von meiner Arbeitswut. Auf dem Arbeitsamt in Berlin-Marzahn, wo er die Führungskräfte und Künstler als Arbeitsberater betreute, argumentierte er bald mit mir als positives Beispiel. Er sagte, wenn man wolle, schaffe man es auch. Er wohne nun schon mehr als ein halbes Jahr bei einer Künstlerin, die arbeite beinahe Tag und Nacht, und deshalb packe sie es auch.
Als er mir das in der Küche erzählte, schlug ich die Augen nieder und dankte Gott dafür, dass er nicht meinen Namen auf dem Arbeitsamt genannt hatte. Denn zumindest in Ostberlin kannten sich die Publizisten und Schriftsteller aus der ehemaligen DDR untereinander. Viele wussten daher von meiner wackligen Existenz. Wir tranken an diesem Abend mehr als eine Flasche Rotwein. Dabei erfand ich Kati, eine arme Künstlerin, die sich selbständig machen wollte. Ich fragte ihn, ob er nicht wisse, wie sie das am gescheitesten anstellen könnte, um Überbrückungsgelder zu guten Konditionen vom Arbeitsamt zu bekommen. Er versorgte mich

daraufhin mit den neuesten Bestimmungen des Arbeitsförderungsgesetzes und den Sonderbestimmungen für Ostdeutschland, um meiner armen Künstlerfreundin zu helfen. Gelegentlich fragte er, ob Kati sich in den Unterlagen zurechtfände. Sie sei noch am Überlegen, für welche der Varianten sie sich letztlich entscheiden wollte, sagte ich.
Sein Nachfolger kam auch von der Bundesanstalt für Arbeit und war auf dem Arbeitsamt, auf dem ich registriert war, tätig. Zur Zeit, da er bei mir einzog, hatte ich glücklicherweise gerade ein Stipendium, so dass ich meiner freiberuflichen Tätigkeit friedlich nachgehen konnte. Ich hatte daher genügend Vorlauf, zu erfragen, wo genau er dort säße, um ihm auf dem Amt nicht zu begegnen. Denn irgendwann lief das Stipendium aus. Bis dahin blieb aber genügend Zeit, zu erfahren, wann er sein langes Wochenende plante, das meine Chance war, auf dem Arbeitsamt von ihm nicht gesehen zu werden. Bald wusste ich, jeden vierten Freitag des Monats hatte er Heimaturlaub, wie er sich ausdrückte.
Eines Sonntags bekam ich überraschend Besuch. Mein Bonner Beamter aus Stuttgart stand vor der Tür. Diesmal tranken wir eine Flasche Weißwein zusammen. Dabei holte er eine Mappe aus seiner Tasche. So Kati, meinte er etwas spöttisch, ich habe, bevor ich aus Berlin fortging, mir Ihre Unterlagen von Ihrem Arbeitsamt kommen lassen. Wenn Sie die Überbrückungsgelder für den Start in die berufliche Selbständigkeit vom Arbeitsamt und vom Berliner Senat für Frauenförderung folgendermaßen beantragen, müssten Sie die Existenzgründung in die Selbständigkeit eigentlich schaffen, vorausgesetzt Ihre Steuerberaterin stimmt zu. Er goss uns Wein nach.

(1999)

Rita Kuczynski wurde 1944 in Neidenburg/Ostpreußen geboren. Sie studierte zunächst Musik und war Meisterschülerin im Fach Klavier am Konservatorium in Leningrad, bevor sie sich dem Studium der Philosophie in Leipzig und Ostberlin zuwandte. Sie promovierte über Hegel. Rita Kuczynski lebt heute in Berlin, wo sie neben ihrer schriftstellerischen Arbeit als freie Journalistin tätig ist. Neben zahlreichen Gedichten, Nachdichtungen, Essays und Hörspielen veröffentlichte sie die Romane „Nächte mit Hegel" (1984, Buchverlag „Der Morgen"), „Wenn ich kein Vogel wär" (1991, Morgenbuch Verlag), der in mehrere Sprachen übersetzt wurde und „Staccato" (1997, Frankfurter Verlagsanstalt). 1999 brachte der Claassen Verlag ihre Autobiografie „Mauerblume. Ein Leben auf der Grenze" heraus. Die Geschichte „Kati macht sich selbständig" hat ihren Ursprung in diesem Buch.

Marcia Zuckermann

Franks „Dschopp“

Tage, an denen er sich so richtig gut gefühlt hat, nicht nur ein bisschen oder mittelgut, „so gerade mal okäi“, sondern „rundum gut“ bis „echt super“, so dass nur noch ein winziges Quäntchen zum Glücklichsein fehlte, an solche Tage kann sich Frank kaum mehr erinnern. Die letzte gute Zeit, an die Frank Zaunig zurückdenken kann, war noch zu Lebzeiten der DeeDeeErr, in Vorpommern in seinem Sibirien, in Anklam... Das erste Mal seit der Wende ist er „häppie“. Ganz in Festtagslaune schlendert er durch die Lebensmittelabteilung des KaDeWe. An seinem Arm baumeln bereits etliche Einkaufstüten mit Champagner und schottischem Wildlachs. Jetzt hält er Ausschau nach Austern. Schon der Gedanke an lebende Austern im Mund bereitet ihm Brechreiz, aber Claudia ist nunmal verrückt nach dem Zeug. Leider sind ihre Geschmäcker nicht nur beim Essen so verschieden. Aber darüber will er jetzt nicht nachdenken, heute nicht. Heute wird gefeiert. Frank Zaunig hat einen Dschopp! Seit zwei Stunden ist das Leben wieder überschaubar. Und das alles verdankt er Antek. Sein alter Kumpel Antek, mit dem er damals im „Scharfen Eck“ in Anklam Kampftrinken zum Hamlet-Monolog abgehalten hatte, bis einer von ihnen den Text nicht mehr artikulieren konnte oder einfach lang auf die Dielen des Wirtshauses schlug. Dieser Antek hatte nach seiner Ausreise in den Westen vor drei Jahren bei der „Pallas“ Karriere als Chefdramaturg gemacht und ihm dort einen Dschopp als Dramaturg für die Sparte „Kriminal- und Action-Serien“ angeboten. Dabei war‘s purer Zufall, dass er Antek in der „Meisengeige“ getroffen hatte... Franks Eduscho-Uhr zeigt halb sechs und er hat wieder nicht angerufen, dass er später kommt! Irgendwann gegen sieben, halb acht biegt er mit seinen Tüten in den Torbogen ein. Ein Blick nach oben im Hof genügt: Claudia ahndet die Verspätung mit demonstrativer Abwesenheit. Aber wahrscheinlich liebt sie ihn auch nicht richtig. Vielleicht sind alle Westbräute so? Klar, natürlich nicht alle, aber tendenziell...? Er müsste mal Antek fragen, wie er mit den Bräuten hier drüben so klargekom-

men ist, als er in den Westen kam. Sonst kennt er keinen Ossi mit West-Braut. Det hält ja auch keiner aus, denkt er. Dieses ständige Minne-Getue: Händchen halten, Türaufhalten, in den Mantel helfen und am Wochenende Blumen mitbringen...
Unten geht die Haustür. Frank erhebt sich von der Treppe. „Ach, wartest du schon lange?“ Mit gespielter Überraschung blinzelt Claudia ihn an. „Wahrscheinlich genauso lange wie du“, erwidert er und küsst sie, weil sie auf Zehenspitzen gereckt darauf wartet.

„Sag mal, ist der Wohlstand ausgebrochen?“ Sie schnüffelt an ihm herum und ihr Blick geht fragend zu den Tüten. „Heute wird gefeiert!“, verkündet Frank stolz, legt drei Flaschen Champagner ins Eisfach und zieht triumphierend seinen Arbeitsvertrag aus der Tasche. „So, Schluss mit Porno-Synchron und anderem Elend!“ Erwartungsvoll nimmt Claudia das Schriftstück zur Hand, wird plötzlich kalkweiß und bekommt einen bitteren Zug um den Mund. Als wären es heiße Kohlen, wirft sie die Papiere auf den Tisch. „Es ist wirklich nicht zu fassen!“, schreit sie empört auf und fuchtelt mit den Armen in der Luft herum. „Um diese Stelle hatte ich mich beworben und war schon in der letzten Auswahl! Warum hast du mir verschwiegen, dass du dich auch beworben hast? Ja und überhaupt! Welche Qualifikation für den Posten hast du denn eigentlich? Das ist ja wohl ein Unding !!!...“ Vor Wut verfärben ihre Augen sich veilchenblau.

Frank schluckt. Siedend heiß fällt ihm ein, dass Claudia ein abgeschlossenes Hochschulstudium der Theaterwissenschaften, Publizistik und Germanistik hat, auch noch auf der Film- und Fernsehakademie war, man ihr sogar schon für einen Kurzfilm einen Preis verliehen hatte und so weiter... „Aber Claudia, ich hatte doch nicht die geringste Ahnung, dass du... Und beworben habe ich mich überhaupt nicht! Mensch, so'n bisschen Dramaturgie hatten alle Schauspieler auf der Akademie der Unterhaltungskunst im Osten... Ja, Mensch, was soll ich sagen? Ich stand einfach nur richtig... zur richtigen Zeit am richtigen Tresen. Also, wenn ich gewusst hätte..."
Doch plötzlich beruhigt sich Claudia und lächelt hinterhältig, als hätte sie einen besonders guten Einfall. „Na ja", verkündet sie und blinzelt ihn verschmitzt an, „es bleibt ja in der Familie." Frank atmet erleichtert auf. Obgleich er dem plötzlichen Frieden nicht traut. „Und ich meine wirklich Familie", fährt Claudia gut gelaunt fort. „Wenn wir nämlich heiraten, Frank, dann hätte ich keinen Grund mehr, gegen deine Einstellung wegen erwiesener Diskriminierung zu klagen. Dann ist es doch egal, wer von uns beiden den Dschopp hat!"
„Wo du Recht hast, hast du Recht!", pflichtet er Claudia mit schiefem Wolfslächeln bei und denkt: „Kommt Zeit, kommt Rat..."

Aus: Marcia Zuckermann „Das vereinigte Paradies. Nachrichten vom ost-westlichen Divan",

Marcia Zuckermann ist als Kind deutsch-jüdischer Eltern in Berlin aufgewachsen. Nach der Schule verbrachte sie ihre „Lehr- und Wanderjahre" in London, Paris, Barcelona und New York. Neben zahlreichen anderen Jobs arbeitete sie als freie Journalistin für Print, Funk und Fernsehen. Sie war Mitbegründerin der Berliner Stadtzeitung „Zitty". Seit 1993 lebt Marcia Zuckermann in Spanien. Hier schrieb sie ihren ersten Roman „Das vereinigte Paradies", ein Buch über Berlin in der Wendezeit, das unlängst bei dtv erschien ist. Die im vorwärts veröffentlichte Geschichte ist in Auszügen dem Kapitel „Ein Neubundesbürger ist der rechte Mann am rechten Ort und hat einen harten Handel mit einer Kreuzbergerin" entnommen. Marcia Zuckermann ist Mitherausgeberin und Chefredakteurin des deutsch-, französisch- und spanischsprachigen Reisemagazins „vista +". Darüber hinaus arbeitet sie momentan an einem weiteren Roman.

Foto: S. Stache

Stephan Sarek

Prioritäten

Zehn Jahre nach dem Fall der Mauer existierte sie noch immer in den Köpfen der Menschen, und Berlins Senat beschloss, ein Zeichen zu setzen. Möglichst preiswert. Elefanten, so erklärte die dazu einberufene Arbeitsgruppe ihren Plan, vergäßen bekanntlich nie. Würden diese Dickhäuter nun vorurteilsfrei auf Bruder und Schwester zugehen, so erkannten die Menschen vielleicht ihr Tun und schämten sich dafür. Also rief man Berlins Zoodirektoren an einen Tisch, den vom Westzoo und den vom Tierpark in Friedrichsfelde.
Dem Vorhaben zur Hilfe kamen zwei Sachverhalte:
Erstens gab es im Westzoo lediglich Elefantinnen, und zweitens verfügte der Ostzoo über einen potenten Elefantenbullen, Tembo. Tembo ließ nichts anbrennen, er hatte Sabah und Bibi ein Kind gemacht, oder, was eine Frage der Auslegung ist, sie ihm. Jedenfalls erschien Tembo geeignet, eine Ver-Einigung der besonderen Art aufs Parkett zu legen.
Tembo wurde auf einen Tieflader geschnallt und vorbei an einer Menschenkette in den Westen gebracht, wo die sieben Grazien bereits frisch gewaschen auf ihren Liebhaber warteten. Erwartungsvolle Stille senkte sich über die zahlreichen Zuschauer, als er ins Gehege gescheucht wurde. Als nichts passierte, fingen die ersten an zu rufen. „Zeig's ihnen", „Na los, Tembo", bis schließlich alle „Tembo, Tembo, Tembo", skandierten. Ein kleines Mädchen warf ihm eine Erdnuss zu, doch landete sie im Graben, der das Elefantengehege tief und breit umrundete.
Je mehr die Leute riefen, desto verklemmter erschien Tembo.
„Doll ist das ja nicht", knurrte der Westzoodirektor, selbstverständlich ohne Überheblichkeit.
„Die Leute müssen weg", nahm der Osttierparkdirektor seinen Elefanten in Schutz, „Sie könnten auch nicht, wenn alle zusehen." Der Zoo wurde für drei Tage geschlossen, und nur eine Hand voll Mitarbeiter beobachtete den weiteren Verlauf der Geschehnisse.
Es war nicht so, dass Tembo keine Lust gehabt hätte. Im Gegenteil, er

fühlte sich wie im Paradies. Allerdings auch gehemmt. Die Damen waren alles andere als gewöhnlich, und hätte er gewusst, was hochnäsig heißt, so hätte er gesagt, sie seien hochnäsig.

„Vielleicht sollten wir uns erstmal vorstellen“, hatte gleich zur Begrüßung eine der Elefantinnen gesagt und sich als Ayesha vorgestellt, und dass sie aus dem nordwestlichen Indien käme. Worauf die nächste meinte, sie heiße Drumbo und wäre auch Inderin, und höflich begrüßte Tembo auch sie mit einem Kopfnicken. Auch die anderen stellten sich nun vor. „Pang-Pha, Thailand.“ „Janya, ebenfalls Thailand.“ „Iyoti, Tschad.“ „Carla, Indien.“ „Svea, Afrika.“ Dann wurde es still. Verlegen scharrte Tembo im Sand. Alle Elefantenaugen richteten sich auf ihn. „Tembo“, stieß Tembo schließlich hervor, „Friedrichsfelde“.
Ein Ruck ging durch die Damengruppe. „Ach, von drüben“, rief eine und eine andere fragte scherzhaft, wie er denn an ein Visum gekommen sei. Die Damen trompeteten aufgeregt durcheinander. „Und was willst du hier?“, wollte Ayesha wissen, als sie sich wieder beruhigt hatten. „Ich soll einer von euch ein Kind machen“, erklärte Tembo in seiner Naivität und hatte damit die Zwölf getroffen.
„Na, das schmink dir ab.“ „Für was hältst du dich, Typ?“ „Pass auf, dass du dir keine einfängst.“ „Du hast wohl einen Sprung im Rüssel.“ Tembo verstand die Welt nicht mehr. „Meine Güte, seid ihr kompliziert“, stöhnte er, und die Damen zogen sich empört zurück.
„Doll ist es ja nicht“, wiederholte der Zoodirektor, natürlich ohne hämi-

schen Unterton. „Er braucht ein Stimulanzmittel“, erklärte sein Kollege aus dem Osten, „auf Bestellung würden Sie auch nicht können“. Man nahm einen Laib Brot, bohrte ein Loch hinein und höhlte es aus. Dann füllte man es mit Viagra, ein Wärter ging leise pfeifend am betrübt abseits stehenden Tembo vorbei und ließ es ihm vor die Füße fallen. Tembo griff es mit seiner am Rüssel angebrachten Hand und schlang es mit einem einzigen Schmatzer herunter.
Dann stutzte er, sah an sich hinunter und streckte die Schultern durch. „Es wirkt“, flüsterte ein Beobachter. Deutlich war zu sehen, wie die Augen des Bullen glitzerten und sein Gang geschmeidiger wurde. Federnd lief er in Richtung Damenrunde. „Oh, oh“, meinte Ayesha, der das Glitzern in Tembos Augen ebenfalls nicht entgangen war. Die Frauen sprinteten auseinander. Tembo fühlte unbändige Lust in sich, die durch die keulenden Hinterteile auch noch verstärkt wurde. Besonders Ayesha hatte es ihm angetan. „Lass uns vorher noch etwas reden oder am Trog einen trinken gehen“, keuchte sie, „das gehört sich so“. „Hinterher“, rief Tembo. Er hätte Ayesha fast erreicht, stoppte jedoch plötzlich. Schlitternd kam er zum Stehen und war für einen Moment von einer Sandwolke verhüllt. Auch Ayesha war stehen geblieben. Sie drehte ihren Kopf herum. „Was is'n jetzt?“ Aufreizend wackelte sie mit der Hüfte. „Da liegt eine Erdnuss im Graben.“ „Na und? Lass doch die Scheißerdnuss.“ „Nein. Die hol' ich mir. Wer weiß, wann es wieder welche gibt.“ Und kühn rutschte Tembo die Böschung hinunter. Manchmal muss man Prioritäten setzen.

Aus: Stephan Sarek „Seemannsgarn. Erzählungen“, © 2000 by Rake Verlag Rendsburg

Stephan Sarek wurde 1957 in Berlin geboren. Nach einer kaufmännischen Ausbildung arbeitete er als Verkäufer, Gärtner und Feuerwehrmann, bis er 1994 mit dem Schreiben begann. Er ist ein Geschichtenerzähler und seine zumeist ironisch-hintergründigen Geschichten haben es in sich. 1996 erschien im Rake Verlag „Können Pinguine fliegen?“. Dem folgte ein Jahr später der Roman „Das Truthuhnparadies“ und 1998 „Der Mumiengarten“. 1999 erschien ebenfalls im Rake Verlag „Das Hanfkraftwerk“, die Geschichte einer Gruppe von Studenten, der es gelingt, eine alternative Energiegewinnung mittels Hanf zu finden. Sareks Figuren sind Helden des Alltags, die im Kleinen ungewöhnliche Wege gehen. Seiner Geburtsstadt Berlin ist Stephan Sarek treu geblieben. Er lebt in einem VW-Bus als individualistischer Wagenburgler.

Sabine Kebir

Kebab-Krieg

Als meine Mutter die Weihnachtsplätzchen in den Backofen schob, schrie ich auf, weil ich den Vorgang plötzlich mit der Judenvergasung identifizierte. Ich war fünf Jahre alt. Sie hat mit mir darüber gesprochen, weil ich gefragt hatte, wieso unsere Nachbarin, Frau Wiesenthal, eine Jüdin genannt wurde. Meine Mutter hielt keine besondere Reife für nötig, um Kinder über Geschichtsgräuel aufzuklären. Sie hat damit erreicht, dass mich nichts mehr schmerzt als Hass auf angeblich Fremdes. Dazu beigetragen hat auch, dass mein Vater damals Deutsch unterrichtete für die ersten Afrikaner, die in der DDR studierten. Die besuchten uns zu Hause, nahmen mich auf den Arm und spielten mit mir.
Wir waren Kosmopoliten und beurteilten Ost- und Westdeutschland in erster Linie danach, inwieweit sie sich Fremdem öffneten. Ein Aufgehen beider deutscher Systeme in einer europäischen oder globalisierten Friedensordnung wäre uns recht gewesen. Nichts nahmen wir der DDR übler, als dass die meisten Menschen weder in noch außer dem Lande mit Fremden wirklich in Kontakt kommen konnten. Der Westen schien da viel weiter zu sein.
Meine Eltern haben sich nicht sehr gewundert, als ich nach Algerien heiratete. Von dort aus konnte ich – soweit es meine bescheidenen Mittel erlaubten – dem Reisehunger frönen. Aber erst 1982 habe ich es arrangieren können, dass ich mit dem Flugzeug nicht in Ost- sondern Westberlin ankam, um den Teil meiner Stadt zu sehen, der mir seit 1961 verschlossen war.
Von Tegel nahm ich einen Bus bis zum Kurt-Schumacher-Platz, um dort die U-Bahn zum Zoo zu benutzen. Vor der Treppe, die unter die Erde führt, standen eine deutsche Würstchen-Bude und eine türkische Kebab-Bude. Ich hatte Hunger. Stellte meinen schweren Koffer ab. Sollte ich meinen Heimatgefühlen frönen und ein Würstchen essen? Oder lieber den Burek der Türken mit dem algerischen vergleichen? Wenig später hielt ich das Gebäck in der Hand. Es erschien mir alt und trocken.

Ich suchte nach einem Abfallkorb, um den Rest zu entsorgen. Da drüben, bei der Würstchenbude stand einer! Ich lief hin und warf den halben Burek hinein. Während der Türke das mit Gleichmut verfolgte, plusterte sich die Frau in der Wurstbude auf und kreischte mich an: „Wat fällt dir ein, für den türkischen Dreck meinen Papierkorb zu nehmen?"
Ich sah sie erstaunt an und bemerkte höflich, dass das hier schließlich der einzige Korb weit und breit sei und ich meine Reste nicht einfach auf die Straße werfen könne. Sie wurde noch wütender: „Aber bei mir darfste det Zeug nich reinschmeißen! Dit is mein Korb! Jedes Mal, wenn er jeleert wird, muss ick 5 Mark blechen! Der Türke spart det!"
Ich entschuldigte mich und fragte, ob ich in den Korb langen, den halben Burek wieder herausholen und in die U-Bahn zu einem anderen, hoffentlich öffentlichen Abfallkorb, hinuntertragen müsste. Sie winkte resigniert ab. Sollte ich, um sie zu trösten, bei ihr ein Bier trinken? Weil sie „türkischer Dreck" gesagt hatte, ließ ich es bleiben.
Wäre die Sache in Bayern passiert und hätte die Frau nicht meinen Dia-

lekt gesprochen, ich wäre nicht halb so schockiert gewesen. Ich war zu Hause und zugleich keineswegs zu Hause! Privatisierung der Abfallkörbe! Wieso zahlte hier nicht jeder Budenbesitzer eine Abfallsteuer? Warum erwuchsen aus Lappalien gleich Ethnokonflikte? Trotz Reisefreiheit und Weltoffenheit gab es auch im Westen offensichtlich immer noch Gründe für Fremdenhass.

In der U-Bahn schaute ich mich skeptisch um. Plötzlich fühlte ich mich doch zu Hause. Hier saßen einfache Leute, deren Habitus anders als der der Menschen im Flugzeug oder in den Museen von Paris oder Amsterdam war. Es war der altberliner Habitus. Heimatlich aber nicht immer angenehm. Wie melancholisch die alten Frauen ihre Handtaschen auf dem Schoß hielten! Oder wie grimmig der Mann da drüben in die Luft stierte.

Sechs Jahre später bin ich nach Westberlin gezogen. Noch heute frage ich mich, warum die Berliner in Ost und West häufig so missmutig sind. Und ungehobelt zu Fremden. Warum meinen sie so oft, zu kurz gekommen zu sein? Wenn ich den sehr bescheidenen Wohlstand mit anderen westdeutschen Städten vergleiche, denke ich manchmal, dass sie in diesem Punkt Recht haben. In meinem ärmlichen Moabit schließt eine Kneipe nach der anderen. Ein türkischer Nachbarjunge flüsterte mir neulich auf der Treppe zu: „Haste heute Nacht ooch die bedepperten Bosnier auf de Straße grölen jehört?" Und mein ostberliner Neffe sagte: „Ausländer will ick erst sehen, wenn's bei uns wie in Zehlendorf is". „Aber da gibt es doch kaum welche", gab ich zu bedenken. Er hielt sich für sehr schlau, als er nach einigem Nachdenken meinte: „Die Ausländer und die Zehlendorfer werden schon wissen, warum sie nicht zusammenziehen."

(2000)

Sabine Kebir wurde 1949 in Leipzig geboren und wuchs in Ostberlin auf. Sie war als Literaturwissenschaftlerin an der Akademie der Wissenschaften tätig. Seit 1977 lehrte sie Politologie in Algerien („Zwischen Traum und Alptraum", ECON 1993, 1995, 1999). Sie siedelte 1988 nach Westberlin um und habilitierte 1989 zu „Antonio Gramscis Zivilgesellschaft" (VSA 1991). Seitdem publiziert Sabine Kebir als freie Autorin, u. a. den Bestseller „Ein akzeptabler Mann. Brecht und die Frauen", dessen aktualisierte Fassung 1988 beim Aufbau Verlag herausgegeben wurde, wie auch 1997 „Ich frage nicht nach meinem Anteil. Elisabeth Hauptmanns Arbeit mit Bertolt Brecht". Dort erschien 2000: „Abstieg in den Ruhm. Helene Weigel. Eine Biografie". Romane: „Eine Bovary aus Brandenburg" (Morgenbuch 1991, dtv 1995), „Karmen" (Beißtexte der Edition Ehrt 1999).

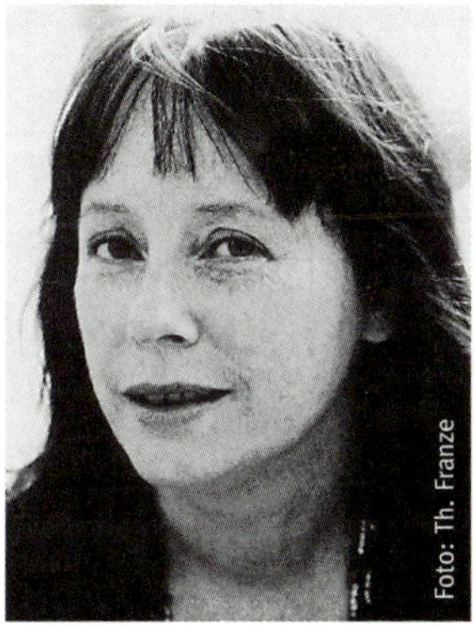
Foto: Th. Franze

Christoph Werner

Stumme Momente

Was waren die Momente, die uns stumm gemacht haben? Als ich in der Speisekammer unserer Einraumwohnung in Friedrichshain saß, meinem damaligen „Arbeitszimmer“, und mit einem kleinen Radio Rias Berlin hörte und der Sprecher sagte: „Kommen Sie zur Oberbaumbrücke an der Warschauer Straße, dort müssen Sie nicht lange warten“, und ich dachte: Verflucht, wir wohnen an der Warschauer Straße, wo ist diese verdammte Oberbaumbrücke? Und als wir dann einfach losgingen, dem Strom der Leute folgend, die zur Oberbaumbrücke liefen, und die Mauer sahen, die wir jeden Tag gesehen hatten, und den Übergang, der uns nie aufgefallen war, da verstummten wir, weil wir beide dachten: Sie werden uns nicht durchlassen, alle anderen ja, uns nicht, irgendeinen Grund wird es geben. Und unsere Ausweise hielten wir wie Gebetbücher in der Hand, wie kleine Bibeln, die uns das Tor zum Himmelreich aufmachen sollten, und siehe, sie taten es auch, und wir fuhren dicht gedrängt mit der U1 bis zum Ku'damm, der für den Autoverkehr gesperrt war und auf dem sich die Berliner drängten in einem großen Schwarm. Und in diesen Schwarm tauchten wir ein und schwammen mit, stumm wie Fische, und das erste, was Ute nach zwei oder drei Stunden sagte, war: „Guck mal, die haben sogar ihre Ampeln poliert.“ Und tatsächlich, die Ampeln sahen aus, als habe sie jemand mit Speck abgerieben.

Und im Sommer 1990, als wir nach Venedig fuhren, und Ute mich fragte, an welchem Meer Venedig eigentlich liege, da war ich stumm, weil ich keine Antwort wusste. Und an der Mautstation der italienischen Autobahn, wo wir ordentlich unsere Pässe zeigten, weil wir sie für die Grenze hielten, waren wir stumm vor Angst, weil der Beamte keine Anstalten machte, unsere Pässe zu nehmen, und wir dachten, er würde uns zurückschicken, man könne eben doch nicht mit einem DDR-Pass bis nach Italien fahren. Und noch am selben Tag, als wir, weil es schon spät war, am Gardasee anhielten und in eine kleine Pension gingen, um nach dem Preis für eine Übernachtung zu fragen, waren wir stumm vor Schreck, weil die Frau hinter der Rezeption plötzlich zu schreien anfing, als sie unsere Pässe sah, und die ganze Familie und alle Angestellten herbeirief, die auch alle kamen, um uns die Hand zu schütteln, und unsere Pässe zu bewundern. An dem Tag, merke ich gerade, haben wir wohl nicht viel gesprochen.

Und noch im gleichen Jahr, als wir mit dem Wartburg meines Bruders nach Dänemark fuhren, und auf dem Weg dorthin an der Nordsee hielten, dem Meer, das niemals da ist, wenn wir kommen, da waren wir stumm, als die Frau, die neben unserem Auto auf dem Parkplatz wartete, uns sagte, sie hätte nach dem Krieg nicht das Geld gehabt, Urlaub zu machen, und sie fände es eine Unverschämtheit, wenn die aus dem Osten hierher kämen, und an ihren Autos kein Schild mit einem „D" kleben hätten, sondern eines mit den drei Buchstaben „DDR". Es dauerte zwanzig Kilometer, bis wir fähig waren, der Frau zu antworten, und noch einmal fünfzig Kilometer, bis wir begriffen, dass sie offenbar der Meinung war, wir hätten einen Krieg verloren.

Natürlich war ich stumm, als unsere Tochter geboren wurde, und die Momente, in denen sie es schaffte, mich verstummen zu lassen, sind zahlreich. Der letzte, an den ich mich erinnere, ist der, als sie sich auf meinem Schoß sitzend zum hundertsten Mal von mir die Fotos aus dem Album erklären ließ, das wir für sie und uns angelegt haben. Und da, mitten in meinen Ausführungen, verstummte ich plötzlich, weil mir auf einmal bewusst wurde, dass die Geschichten, die ich ihr später aus meiner Kindheit erzählen werde, sich für sie anhören müssen, wie Geschichten aus einem fernen Land, das lange versunken ist. (2000)

Christoph Werner wurde 1964 in Dessau geboren. Er erlernte den Beruf des Werkzeugmachers, studierte dann an der Schauspielschule „Ernst Busch" in Berlin, Abteilung Puppenspielkunst. Christoph Werner lebt und arbeitet seit 1995 als Autor und Regisseur in Halle/Saale. 1997 erschien im Mitteldeutschen Verlag die Erzählung „Josefs Geschichte". Er schrieb verschiedene Theaterstücke, die im Verlag Hartmann & Stauffacher herausgegeben wurden. Zurzeit arbeitet der Autor an seinem ersten Roman.

Beate Messerschmidt

Schöner Traum

Zuerst verspürte ich nur einen Lufthauch. Jemand schien über mir zu schweben und als ich hochschaute, nahmen die Konturen bereits deutliche Gestalt an. Ein holdes Wesen schwebte zu mir hinunter. „Drei Wünsche hast du frei", lispelte es.
Ach, wie wurde es mir heiß und kalt. „Einen einzigen, nur einen einzigen Herzenswunsch, ja den erfülle mir", sprach ich aufgeregt. „Wie gern wär ich – und sei's auch nur für einen einzigen Tag – vom Bundestag der Präsident."
Ganz leicht berührte mich da der Zauberstab der guten Fee. Dann schwanden mir die Sinne.
Als ich wieder zu mir kam, hatte sich mein Habitus enorm verändert. Irgendwie kam ich mir kleiner vor, auch fülliger, und als ich an mein Kinn fasste, fühlte ich Bart. War ich tatsächlich er geworden? Ein wenig schwindlig wurde mir ob der Kühnheit meines wohl in Erfüllung gegangenen Wunsches.
Ich sah mich in meinem Bürozimmer um. Der Raum war hoch, die Fenster schienen riesig zu sein. Wenn ich tatsächlich er wäre, schoss es mir durch den Kopf, dann müsste ich auf den Kollwitzplatz schauen. Als ich aus dem Fenster sah, fiel mein Blick auf ein U-Bahn-Schild. „Leopoldplatz" stand dort. Wedding also, kein Prenzlauer Berg. So war ich doch nicht er.
Fast schon wollte ich zürnen mit der Fee, da klopfte es und eine Dame, die offenbar meine Sekretärin war, kam eiligen Schrittes auf mich zu und hielt mir einen Terminkalender ganz dicht unter die Nase. „Ja, haben Sie Ihr Date vergessen?", rief sie vorwurfsvoll und funkelte mich mit zornigen Augen an. „Sie wissen doch, wie wichtig das Treffen ist!"
Aber dazu fiel mir beim besten Willen nichts ein. Fragend schaute ich sie an. „Die Fernsehsendung mit Ihnen, Ihr Spaziergang durch Ihren neuen, gleichzeitig jedoch alten Kiez, eine Initialzündung sollte von dieser Sendung ausgehen, das haben Sie selber so formuliert", sagte

spitz Frau Sekretärin. Mir dämmerte etwas. Hatte ich nicht, als ich noch ich und nicht er war, eine Sendung über den Prenzlauer Berg gesehen? Vom „Montmartre Berlins“ war da die Rede, vom Mythos „Prenzlberg“ – keiner hatte ihn zu DDR-Zeiten jemals so genannt. Mein anderes Ich musste das genau wissen, schließlich war es Jahrzehnte über dort beheimatet gewesen, weit länger und früher als mein neues Ich. „Die Herren warten draußen“, mit diesen Worten stieß mich meine Vorzimmerdame in Richtung Straße. Richtig, da stand ein Kamerateam, das mich zurückhaltend begrüßte. „Vielleicht sollten wir mit einem Statement von Ihnen beginnen, warum Sie nun doch in den, Verzeihung, dass ich Sie zitiere, wenn auch nicht ‘feinen’, so doch Westen Berlins gezogen sind“, überfiel mich ein Herr und damit hatte ich endgültige Gewissheit. Ich war er, und das wollte ich nutzen.

Der Würde und der Kraft meines Amtes gewiss, sagte ich laut und lächelte jovial: „Nun, ich habe mir dabei folgendes gedacht. Gehe mit gutem Beispiel voran, damit Berlin tatsächlich zusammenwächst. Schauen Sie, der Prenzlauer Berg und der Wedding haben vieles gemeinsam; nicht umsonst liegen sie so dicht beieinander. Beide sind alte Arbeiter-

bezirke. Beide haben viel alte Bausubstanz. Beide haben multikulturelles Flair. Auch hier im Westen sehe ich – verzeihen jetzt Sie bitte, wenn ich mich nun selbst zitiere – was sich verändert und was nicht, auch der Wedding hat seine unterschiedlichen Menschen und diese unerhört lebendige Mischung macht seinen eigentlichen Reiz aus, so dass ich mich auch hier sozial verwurzelt fühle, auch hier habe ich eine Art von sozialer Beheimatung…"
Lautes Geklatsche unterbrach mich für einen Moment. Um mich herum standen sie, die Einwohner Weddings, klatschten mir, dem ehemaligen Einwohner Prenzlauer Bergs, begeistert zu. Kühn geworden, fügte ich ein weiteres, ein anderes Zitat hinzu: „Jawohl, ich bestehe darauf, dass die Westabgeordneten in den Ostteil Berlins ziehen und die Ostabgeordneten in den Westteil Berlins. Jeder kann sich ja seinen Bezirk aussuchen; fein oder nicht fein wohnen. Sowohl im Westteil als auch im Ostteil Berlins gibt es diese bunte Mischung von Altem und Neuem, Feinem oder nicht Feinem, also Arbeiterbezirke hie – Villengegenden da. Viele sagen, Berlin sei immer noch eine gespaltene Stadt. Dem gilt es doch zu widersprechen. Damit jeder wirklich von sich sagen kann: Ich bin kein Ost-, ich bin kein Westberliner, nein: 'Ich bin ein Berliner'!"
Rummms… Durch ein lautes Geräusch wachte ich auf. Am Boden fand ich mich wieder. Neben mir der umgestürzte Sessel und vor mir der Fernseher, der noch lief und mir immer noch Bilder aus dem Prenzlauer Berg zeigte, jedoch nicht mehr mein kurzes, einstiges Ich. Tief seufzte ich auf. Schade, alles war eben doch nur ein schöner Traum.

(2000)

Beate Messerschmidt wurde in Berlin-Prenzlauer Berg geboren und lebte dort bis zu ihrer Verhaftung 1981. Nach fast zweijähriger politischer Haft wurde sie 1983 direkt in die Bundesrepublik entlassen und lebt seitdem in München. In Ostberlin hatte sie Germanistik studiert und promovierte in München. In ihrer autobiografischen Erzählung „Hinter doppelten Mauern – Eine deutsche Geschichte", die 1999 von der Buchgemeinschaft „Büchergilde Gutenberg" herausgegeben wurde, berichtet sie über ihre Haftzeit sowie ihre Erlebnisse zehn Jahre später in der ehemaligen DDR und beschreibt einige Bilder aus ihrer Jugend. Momentan ist ein Band Kurzgeschichten in Arbeit, dem „Ein schöner Traum" entnommen ist.

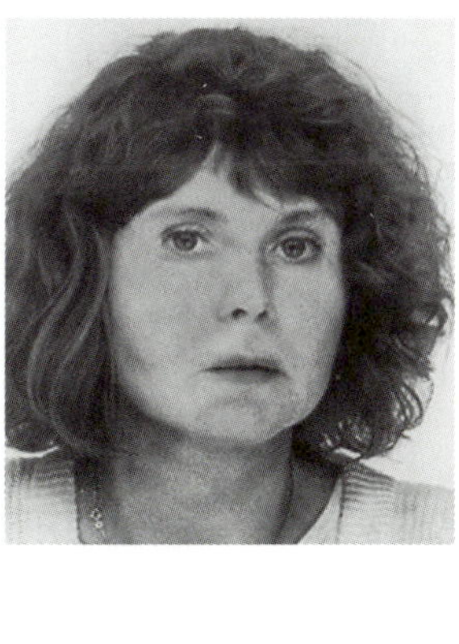

Peter A. Bruns

Goldener Westen

„Jahrelang war ich nicht zu Hause in Wismar gewesen", sagte Harald zu dem Wessi, während sie Rucksack und Schlafsack an die Wand lehnten und sich daneben auf den Boden setzten.
„Bald nach der Wende bin ich in den goldenen Westen. Habe nie von mir hören lassen, wollte als reicher Wessi zurückkommen. So ein Dussel von Landsmann, den ich mal hier im Hamburger Hauptbahnhof kennen lernte, besuchte meine Familie einen Tag vor mir und erzählte, er hätte gehört, ich sei tot."
Er tat einen Zug aus der Rotweinflasche.
„Als ich nach Hause kam, waren sie alle am trauern. Eine meiner Schwestern öffnete die Tür, starrte mich ungläubig an und sackte zusammen. Konnte sie grad' noch auffangen."
Er drehte sich eine Zigarette.
„Mutter saß oben heulend in ihrem Sessel, mit meinen Schwestern, die ihre Flennerei im Chor untermalten. Der Alte hockte in der Küche und greinte in sich hinein."
Er legte seinen Hut vor sich und goss Wasser in eine Plastikschale für seinen Hund. „Sieh dir die feine Hundedame an – säuft mehr als zwei Penner." Er goss Wasser nach.
„Mutter schrie auf und fiel fast in Ohnmacht als sie mich sah. Solche Feier hast du noch nicht erlebt – dachte unser altes Siedlungshaus würde zusammenfallen. Mutter hielt meine Hand für geschlagene drei Stunden. Hast du Feuer?" Er inhalierte tief.
„Den ganzen nächsten Tag war das Haus voller Nachbarn. Die Erste, die kam, war eine alte Flamme von mir. Ich dachte immer, dass ich ihr nichts bedeuten würde. Mutter verlangte, ich solle schwören nie wieder tippeln zu gehen – durfte knapp das Haus verlassen, weil sie Angst hatte ich ..."
„Besäufst dich?"
„Nee, Klugscheißer, aus Angst, ich würde nicht wiederkommen. Ich

schwor auf die Bibel, die seit der Wende im Haus war, dass ich nicht abhauen würde."

Er rollte die Hündin auf den Rücken und untersuchte die Pfoten. „Ich glaube, ich muss sie ein Stück tragen. Das Pack schmeißt überall zerbrochene Flaschen ins Gebüsch, bei der Schwanenwykbrücke, unter der wir pennen."

„Du hast dein Versprechen gebrochen", sagte der Wessi. Harald stand auf, reckte sich und schaute in die fast menschenleere Bahnhofshalle. „Ist doch klar", gähnte er, „ich war nur einige Wochen zu Hause, schon fingen sie an, an mir herumzunörgeln, weil ich keine Arbeit fand". Der Wessi brach in wieherndes Gelächter aus, Harald grinste. Sie warfen sich die Rucksäcke über, Harald nahm den Hund unter den Arm, sie griffen sich ihre Plastiktüten und wandten ihre unrasierten Gesichter dem Ausgang zu.

„Warum ist dir hier eigentlich alles schief gelaufen?", stöhnte der Wessi. Sein Fuß schmerzte. Auf einer Schwarzbaustelle war er in einen Nagel getreten. Harald runzelte die Stirn und dachte: „Was weißt du schon von uns Ossis? Dir ist doch nur die Frau weggelaufen." „Erzähl schon Harald." Der Wessi knuffte ihn anzüglich in die Seite. Die Hündin knurrte. Harald sah den Kumpel scheel an, drückte die Hündin fester an sich und rang nach Luft. „Das ist schnell erzählt!" Zum ersten Mal sahen sie sich offen in die Augen. „Ich ließ mich nach der Wende von einer Leihfirma am Bau anheuern, pumpte mir bei Freunden Geld, packte meinen Trabbi voll Plastikka-

nister mit Sprit und ab ging es als rollende Bombe. Die machten vielleicht Witze auf der Baustelle – ich neben den Westautos der Handwerker, mit meinem Trabbi und dem ganzen Kram. Das hatte ich nicht erwartet." Er sah den Wessi skeptisch von der Seite an. „Auch mit der Arbeit kam ich nicht klar. Man lästerte, ich wäre zu langsam, rückständig und..."

„Zu faul?"

„Unsinn! In der DDR gingen die Uhren auch im Arbeitsleben eben anders!" Es klang trotzig. „Man warf mich raus nach acht Tagen. Als ich wegfahren wollte, kam da einer und sagte, ich könne Partner in seiner Firma werden. Ich habe mich gleich als Unternehmer gefühlt. Ich Döskopp! Erst lief es gut. Dann der Konkurs. Den Arsch voll Schulden, mein Partner tauchte unter, so ging's abwärts: Offenbarungseid, Lohnpfändung. Das macht mürbe. Saufen, Platte, null Bock zur Arbeit, der bekannte Kreislauf."

„Und was wolltest du Wrack, dann wieder zu Hause?"

„In den Schoß der Familie." Harald runzelte die Stirn. „Doch sie waren verändert. Sie hatten was erreicht. Ich war der Versager – Solidarität? Ha!"

Draußen schlug ihnen eisiger Wind entgegen. Der Wessi blieb stehen, streichelte grienend die Hündin, die ihn treu anblickte. „Komm weiter Kumpel", sagte Harald und nannte ihn nicht mehr „Wessi". Er mochte sein Lächeln.

(2000)

Peter A. Bruns wurde 1942 in Hamburg geboren. Er lernte Fräser und später Raumausstatter. Mit Einundzwanzig wanderte er nach Australien und Neuseeland aus, wo er sich fünf Jahre in den verschiedensten Berufen durchschlug. Nach Deutschland zurückgekehrt arbeitete er als Raumausstatter, ist seit 1975 selbständig als Monteur in der Isolierbranche. 1981 begann er zu schreiben. Sein erstes Buch „Blauzeug" erschien 1982 im Boyens Verlag, 1997 gründete er den AUGUST-VERLAG, wo er 1998 „Da war ein Junge, der hieß Peter" herausbrachte. Im Frühjahr 2000 erschienen „Nächte in Karratha", „Australia mon amour". Für den Herbst geplant: „Arbeiter wie wir". Peter A. Bruns lebt in Dithmarschen, Schleswig-Holstein.

Reinhard Ulbrich

Einheit für 250 $

Ach nö – dass das deutsch-deutsche Zusammenwachsen mich 1990 belastet hätte, kann ich wirklich nicht sagen. Meine Ostgeld-Sparguthaben zum Beispiel verkrafteten ihre Halbierung mühelos, denn auch eine halbe Null bleibt stets, was sie ist, nämlich nichts. Dank dieses beruhigenden Axioms war ich im Folgenden auch kaum Versicherungsvertretern, Anlageberatern und Gebrauchtwagenhändlern ausgeliefert. Und selbst das Erscheinen von Gebrauchtpolitikern aus dem Westen ließ sich so gleich viel besser ertragen.

Trotzdem beschlich mich nach einiger Zeit das Gefühl: Junge, irgendwas fehlt jetzt doch. Und richtig – mit dem Einzug des Westens war mir im Alltag eine gewisse lieb gewordene orientalische Gemächlichkeit abhanden gekommen. Alles rannte nun durcheinander und machte ungeheuer viel Aufhebens. Vor allem von sich selbst. Nur ich schien traurig abseits zu stehen, als ein Fossil, dessen innere Uhr immer deutlicher nachging.

Dieser betrübliche Zustand dauerte genau bis Mitte der neunziger Jahre, dann wurde zum Glück in meinem Büro eine neue Telefonanlage benötigt. Langsame alte Ostler und fixe neue West-Telefone haben ja im Grunde nicht viel miteinander gemein, dachte ich noch, aber das sollte sich als Trugschluss erweisen. Der Vertreter des zuständigen Telekommunikations-Unternehmens legte nämlich erfreulich bekannte Verhaltensweisen an den Tag: In unmissverständlicher Weise machte er klar, dass die Anlage ohne meine tätige Mitwirkung nicht zu installieren sei. Ich möge mich da kümmern, denn schließlich harrten noch zahllose andere Kunden seiner begehrten Dienstleistung. Dann legte er eine demonstrative Pause ein (wovon eigentlich?), während der ich großzügig Gelegenheit erhielt, meinen Teil des telefonischen Aufbaus Ost zu erledigen. Ich verrichtete die Räumerei übrigens voller Hoffnung. War der Mann in seiner Lustlosigkeit vielleicht ein Beweis für das heimliche Überleben des östlichen Phlegmas?

Es dauerte nicht lange, bis sich neue Erkenntnisse zu dieser brisanten Frage – die man heutzutage wahrscheinlich „spannend" nennen müsste – einstellten. Bei uns im Haus drohte nämlich ein altes Rohr zu platzen. Doch die verantwortlichen Berliner Wasser-Beamten sahen keinen Anlass, in der Sache übertriebenen Druck zu machen. Zwei Stunden

vormittägliche Öffnungszeit, zudem begrenzt auf zwei Tage der Woche, genügten, um ihnen den größten Publikumsandrang vom Halse zu halten. Da hätte die Kommunale Wohnungsverwaltung der DDR selig noch was lernen können. Als ich den Wassermännern dann mit List und Tücke doch meinen Auftrag untergejubelt hatte, mussten sie erst mal einen Monat lang auf schöneres Wetter für ihre Ausgrabungen warten. Dennoch hatten sie erkannt, wonach es mich verlangte. Sie schickten mir ein Dreier-Kollektiv ins Haus, das es zwar in mehreren Tagen schaffte, nur fünf Meter Rohr zu erneuern, gleichzeitig aber eine Lampe, eine nagelneue Bodenfliese und eine Fensterscheibe zerstörte. Kosten der Gesamtaktion: 2400 Mark. Ich war beeindruckt. Ein solches Maß an Effizienz konnte nur eines bedeuten: Der Osten lebte!

Und das galt nicht nur für Deutschland, wie ich bald erfahren sollte. Selbst Amerika war schon infiziert. Beim Besuch in New York teilte ein desinteressierter Hotelmanager mir und meiner Familie lapidar mit, dass unsere schriftliche Zimmerbestellung ungültig sei. Widerspruch zwecklos. So mieteten wir ein beengtes Ersatzkabuff, wo ich in Ermangelung eines dritten Bettes auf dem Fußboden der Neuen Welt schlief. Dieses sozialistische Sonderangebot kostete zwar 250 Dollar, aber, schon halb im Traum, tröstete mich der erhebende Gedanke: Wir hatten es geschafft. Die endgültige Veröstlichung der Welt war nur noch eine Frage von Wochen.

(2000)

Reinhard Ulbrich, geboren 1953 in Ostberlin, studierte Anglistik, Amerikanistik, Germanistik und promovierte auf dem Gebiet der Literaturwissenschaft. Als freier Schriftsteller veröffentlichte er seit 1987 rund 20 Bücher, darunter „Spur der Broiler" (1998 Rowohlt Verlag, 1999 rororo Taschenbuch), „Kleines Lexikon großer Ostprodukte" (1996 Micado Verlag, 1998 ETB Econ & List Taschenbuch), „Knigge für Deutsche" (1998 Micado Verlag, 2000 ETB Econ &List Taschenbuch), in denen er der deutschen Vereinigung sogar spaßige Seiten abgewinnen konnte. Das prädestinierte ihn für seine Tätigkeit beim Berliner Satiremagazin „Eulenspiegel". Mit seinen textgewordenen „Gemeinheiten" bleibt er dort sich selbst und dem Motto des Hauses treu: unbestechlich – aber käuflich.

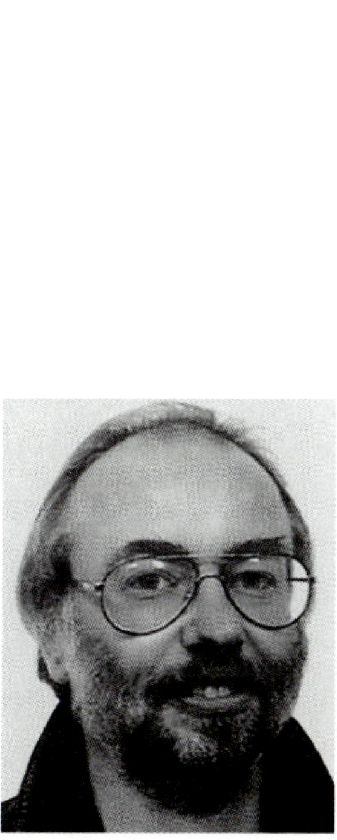

Mitch Cohen

Anarchisten, Poeten, Nonkonformisten

Zusammenwachsen? Meine Freundin hatte sich gerade von mir getrennt. Und ich war ja kein Deutscher. Mich und meine Verwandtschaft trennte keine Mauer, sondern der Atlantik.

Blauer Himmel, taumelnde Menschen. Die Blase der Tyrannei hatte ein Loch und musste platzen. Freude steckt an. Dem Leidenden aber ist die Freude anderer Hohn.

Dabei hatte diese Mauer mein Leben spürbarer entzweit als das der meisten Westberliner. Viele besuchten nie die andere Seite, weder zu Fuß noch im Kopf. Man war eher in Amerika gewesen. Obwohl sie nicht einmal wirklich die Sprache, sondern nur eine halbe Stunde an der Grenze von Ostberlin trennte.

Ich war in den Osten gegangen, um Stimmen für eine Anthologie einzufangen, und da hatte die Boheme mich eingefangen. Lesungen in Privatwohnungen, Lyrik- und Grafikprojekte, Bücher für Freunde hinein- und ihre Manuskripte hinausschmuggeln. Jahrelang und dann seit fünf Jahren ausgesperrt.

Um mich vom Liebeskummer abzulenken und den alten Faden wieder aufzunehmen, versuchte auch ich die Grenze zu überqueren. Schroff wurde mir bedeutet, ich sei immer noch eine persona non grata. Ich blieb es noch zwei Monate.

Uli, der freie Regisseur aus Ostberlin, sagte mir, „Sei doch stolz, dass sie dich immer noch nicht 'reinlassen!“ Kennen gelernt hatte ich ihn bei Micha, dem einstigen Kofferraumflüchtling mit den skurrilsten Geschichten der Welt. Micha hatte mir 1978 meine erste Adresse im Osten gegeben. Nun rief er einen Jour fixe für seine Westfreunde und seine verlorengeglaubten Ostfreunde ins Leben.

Kaum überraschend: Die Runde spekulierte über die Zukunft. Ich teilte die Angst vieler. Vor den Reichskriegsfahnenschwenkern mit ihrem

„Schickt die Kanaken weg, jetzt sind wir da.“ Und vor einem Einheitskanzler, der die Frage der polnischen Grenze und damit auch „Polen offen“ halten wollte. Und im Alltag: Dienstleistung war schon im Westen kleingeschrieben. Wenn erst der DDR-Service herüberschwappte...
Im Januar klappte mein Grenzübergang. Uli nahm mich mit in alle größeren DDR-Städte. Später mit nach Rumänien, das er schon bereist hatte, als Ceauçescu die „Hoffnung des Ostens“ war. Er besuchte seine Freunde dort weiter, als diese Hoffnung längst zerschlagen war.

Was ist aus meinen alten Bekannten, meinen Freunden von drüben geworden?
Der Anarchist solidarisiert sich mit dem einstigen König der Prenzlberg-Szene, der sich als Stasi-Spion entpuppte, dessen guten Diensten ich meine Aussperrung verdankte. Der Stille verlegt eine Nazi-Zeitschrift mit intellektuellem Touch. Die Bewegten beklagen sich in ihrer Szenezeitschrift immer noch darüber, vom Staat und nun auch noch vom Kapital unterdrückt zu werden, und lassen ihr Blatt vom Bezirksamt und einer Bank finanzieren. Manche können eben den Spaß nicht lassen, Räuber notfalls mit imaginärem Gendarm zu spielen. Der irre Aktionskünstler hat einen Jagdschein, womit er vom Staat unbehelligt neue Aktionen gegenüber alten Bekannten startet – Telefonterror, Bestellungen aller Art, Morddrohungen. Der Poet bittet immer noch um Konsumgüter aus dem Westen, statt sie jetzt selbst von seinen Stipendien zu kaufen. Auf welche Weise ein Mensch sich gleich bleibt, ist schwer vorauszusagen: Die Frau, die sich von dem nichtkonformen Maler scheiden ließ, weil er ihre SED-Karriere störte, ist heute mit einem CDU-Bonzen in Frankfurt verheiratet. Der Nichtkonforme ist weiterhin vergnügt und arm. Freundschaften entstehen und bleiben oder vergehen überall nach den gleichen Prinzipien.
Und meine Ängste vor der Vereinigung? Die „deutsche Frage"? Vielleicht ist sie nicht gelöst. Aber wenigstens etwas gelöster geworden. (2000)

Mitch Cohen wurde 1952 in Kalifornien geboren. Er studierte Philosophie und Anglistik an der University of California. In Santa Barbara sendete er zwei Jahre lang eine wöchentliche Lyrikstunde im Radio und gab zwei Lyrikanthologien heraus. 1977 kam er nach Berlin, studierte an der Freien Universität Germanistik und leitete ein Tutorium zu DDR-Lyrik. Er wirkte mit, dass viele Ostberliner Autoren im Westen publizieren konnten. 1989 bis 1991 organisierte er etwa 50 Lesungen im Literaturclub Culinaria. Seit 1989 arbeitet Mitch Cohen freiberuflich als Übersetzer. Seine Prosa und Lyrik in Englisch und Deutsch ist in zahlreichen amerikanischen und deutschen Zeitschriften und Anthologien veröffentlicht worden. Eine Sammlung seiner Lyrik und Kurzprosa erschien 1995 als „Mitlesebuch 2" im Aphaia Verlag, Berlin.

Plan-Abschuss-Soll

Die hohen Gäste zum Schuss zu bringen, war unsere Verpflichtung. Wenn zum Beispiel der Minister für Handel und Versorgung, Briksa, uns mit seinem Besuch beehrte, lautete die Parole: „Wenn der heute keinen Hirsch schießt, bekommt der Bezirk Suhl morgen keine Bananen!“ Das war dann ein dienstlicher Befehl.
Im Schnitt schoss der Briksa allein bei uns zehn Hirsche im Jahr. Der ging zur Jagd wie früher ein General in die Schlacht. Der machte sich vorher eine genaue Skizze, wollte von mir wissen: Um wie viel Uhr kommt der Bock von woher? Da hatte der seine Zeichnung. Busch A, Hecke B, Bock, und dann hat er Striche gemacht wie auf einem militärischen Einsatzplan.
Selbst Schonzeiten galten nicht, wenn es von oben angeordnet wurde. Als der Stellvertreter vom Arafat hier war, gab mir mein Chef die Order: „Der muss unbedingt zum Schuss kommen!“ Ich: „Was soll der denn schießen? Es ist Schonzeit, alles zu.“ „Der schießt heute abend das, was kommt!“ Dann hat er halt geschossen, eine führende Bache, also eine mit Frischlingen, und die sind absolut geschützt...
Bei Treibjagden wurde ich am meisten gehetzt. Da haben sie mir als Plan-Abschuss-Soll zum Beispiel sechzig Sauen vorgegeben. Siebzig Treiber organisiert, zehn Mann, die das Jagdhorn blasen, Hundeführer, Köche und Köchinnen. Und dann hab ich nur noch gezittert, dass alle am Leben bleiben, denn von den hohen Geladenen aus Berlin hatten doch viele keine Ahnung. Die haben einfach in die Gegend geballert.
Auf die Treiber wurde keine Rücksicht genommen. Wenn's regnete, sie durchnässt waren, und es wurde Frühstück gemacht, dann standen sie draußen ums Feuer rum und froren, und drinnen in der Jagdhütte wärmte man sich von außen und innen auf.
Sicher bin ich mitschuldig geworden. Wir haben sie verwöhnt, und wir waren ihr liebstes Spielzeug. Für die Spitzen unserer Gesellschaft war die Jagd die Krönung. Wenn sich zwei Minister begegnet sind oder

Wirtschaftsleute, haben die sich in der Regel zuallererst über die Jagd ausgetauscht. Ob die nun Sindermann, Stoph, Pfaff, Honecker oder Mittag hießen. Der Mittag war der trophäenwütigste Schießer. Der wusste nachher nicht mehr, wohin mit seinem ganzen Trophäengestänge und -gepränge, und hat seine Garagenwände von außen damit bestückt.

Eines Tages habe ich mir beim Holzhacken den Daumen abgehackt. Ich hab ihn in die Hand genommen und bin ins Krankenhaus gefahren. Dort konnten sie ihn mir wieder annähen. An dem Abend sitz' ich noch ganz benommen mit starken Schmerzen zu Hause, da steht mein Chef vor der Tür und sagt: „Mach dich fertig, ich will jetzt zur Jagd!" Da musste ich mit. Er hat zwei Rehböcke geschossen, die ich mit nur einer Hand aufbrechen musste.
In den nächsten Tagen musste ich noch mal mit Jagdgästen raus, und dann gab's Komplikationen, der Daumen hat stark geeitert. Der Briksa

hat mir mal ein neues Auto in Aussicht gestellt. Meine Karre löste sich langsam auf, die war total verrostet. Er hatte mir versprochen: „Wenn du mal ein neues Auto brauchst, das ist für den Minister für Handel und Versorgung ein Schnippser. Da musst du nicht achtzehn Jahre warten, du kriegst es in achtzehn Stunden." Im Herbst kam er wieder, um seine Trophäen abzuholen. Da habe ich gewagt zu sagen: „Mein Auto ist am Ende". Seine Antwort: „Also, mit deinem Daumen dieses Jahr hast du dir wirklich kein neues Auto verdient!"
Ich war an zweihundert Tagen im Jahr mit Jagdgästen unterwegs, zusätzlich an fünfunddreißig Wochenenden, an Heiligabend, Silvester und an den meisten Feiertagen. Sie kamen bei mir wirklich fast alle zum Schuss. Heute machen die, die uns über die Jahre getriezt und gepiesackt haben, in deutsch-deutscher Verständigung. Unser oberster Jagdchef stößt jetzt mit dem ehemaligen Chef des bayerischen Nachrichtendienstes, dem jetzigen Vorsitzenden des Deutschen Jagdschutzverbandes, auf deutsch-deutsche Ewigkeit an. Derselbe, der die Gesetze mit ausarbeitete, nach denen wir Waffenträger unsere Jagdwaffen abgeben mussten, wenn in der Nachbarschaft ein Westwagen gesichtet worden war.
Mein ehemaliger Chef ist immer noch amtierender Jagdleiter der Bezirksjagd und Ratsvorsitzender, so, als wäre nichts gewesen. Jetzt kommen die dicken Schlitten aus dem Westen und sondieren. Da pirschen sich welche ran, nehmen Witterung auf und setzen erste Duftmarken...

Wolfgang Kästner (40) war von 1978 bis Ende 1989 hauptverantwortlicher Jäger, Heger und Organisator des Gäste- und Sonderjagdreviers der SED in Suhl/Thüringen. (2000)

Günter Wallraff wurde 1942 in Burscheid geboren. Er absolvierte eine Buchhändlerlehre und begann in den 50er-Jahren mit ersten Lyrikveröffentlichungen. Nach seiner Wehrdienstverweigerung wies man ihn zur Beobachtung in die psychiatrische Abteilung des Bundeswehrlazarettes Koblenz ein. Von 1963 bis 1965 arbeitete er in verschiedenen westdeutschen Großbetrieben, bei Zeitungen und satirischen Zeitschriften. 1971 trat er in den PEN-Club ein. Von 1977 bis 1981 veröffentlichte er drei Bücher über Fälschungen und Rufmordberichte der BILD-Zeitung. 1985 erschien das Buch „Ganz unten", in dem er seine Erfahrungen in der Rolle eines türkischen Leiharbeiters beschreibt. Um Ausländern wirksam helfen zu können, richtete er den Hilfsfond „Ausländersolidarität" ein und stiftete Honorare für das Wohnmodell „Zusammenleben" in Duisburg. Er ist Träger zahlreicher deutscher und ausländischer Auszeichnungen.

Foto: J. Fieguth

Dietmar Schultke

Von Össis und Ossis

Ich war 19, als ich im Frühjahr 1986 meinen Einberufungsbefehl zu den Grenztruppen der DDR erhielt. Kurzerhand packte ich meine Sachen und reiste in die goldene Stadt Prag – einen der wenigen Orte, wohin auch ich ohne Visum durfte. Dort grübelte ich über eine Flucht via Österreich nach. Es gab keinen Zivildienst in der DDR. Wer den Dienst an der Waffe verweigerte, bekam eine Stasi-Akte und später berufliche Nachteile. Darauf hatte ich wenig Lust. Schon gar nicht wollte ich mein Leben 18 Monate unter die Militärdoktrin eines Staates stellen, den ich hasste. Immerhin wurde ich evangelisch erzogen, und in mir schlummerte ein Fernweh auf die weite Welt jenseits des Zaunes. Verbotene Früchte schmecken halt am besten.

Am Abend saß ich in der Prager Schwarzbierkneipe „U Fleku". Ich spürte die innere Zerrissenheit meines Entscheidungsnotstandes, schließlich war eine Flucht in den Westen eine brenzlige Angelegenheit. Den Frust spülte ich mit einem Bier herunter. Ein Mann – so um die dreißig – fragte mich in einem seltsamen Dialekt: „Kommst du aus der DDR?" Irritiert antwortete ich: „Ja, woran merkst du das?" „An deiner Zigarettenschachtel: Deutsche Schrift, aber eine Marke, die es in Westdeutschland nicht gibt, zudem die altmodische Aufmachung. Übrigens, mein Name ist Max Steidl, ich komme aus Österreich." Als er „Österreich" sagte, wäre ich fast von der Sitzbank gefallen. Der kam von meinem Fluchtziel!

Wir sprachen über seine Heimatstadt Wien und über seine Arbeit. Er war Journalist für eine Touristenzeitung. Max strahlte unbekümmerte Offenheit aus, was mir unheimlich imponierte. Mir fehlte diese Lockerheit, diese innere Freiheit. Dennoch blieb ich misstrauisch. Vielleicht arbeitete er bei der Stasi, und wollte mich auflaufen lassen. Ich ließ mir seinen Presseausweis zeigen. Der überzeugte mich und Max gewann mein Vertrauen. Der Abend schritt voran. Max spendierte Bier und Westzigaretten. Irgendwann öffnete sich mein Ventil und ich erzählte ihm von meinem Fluchtvorhaben.

„Das ist gefährlich“, erwiderte Max. „An der Grenze gibt es Militär, Zolleinheiten und Polizei, ebenso einen Grenzzaun.“ Ich spürte, dass ihm meine Story peinlich war. Er hörte mir zwar zu und fand mich interessant: aber eher so, als wenn man in den Tierpark geht und sich dort ein exotisches Tier anschaut. Irgendwie saß ich ja auch im Käfig – im Gegensatz zu ihm.
Er fragte: „Ist die Armee denn wirklich so schlimm bei euch? Wir müssen auch Wehrdienst leisten, aber deswegen fliehen wir nicht.“ „Ich soll als Grenzsoldat an den Eisernen Vorhang.“ Bei diesem Satz war Max sprachlos. Und weil er keine Antwort wusste, bot er mir eine Zigarette an. Ich nahm den Tabak, holte tief Luft und fragte: „Gibt es wirklich keine Chance? Vielleicht mit deiner Hilfe?“ Max schaute mich merkwürdig an, halb verlegen, halb sich um den heißen Brei windend:

„Ich wüsste nicht, wie ich dir helfen kann." Es folgte Schweigen. Ich zog lange an der Zigarette. Schließlich schenkte ich Max eine Ansichtskarte von meinem Heimatdorf Lindenberg, auf der meine Anschrift stand. Seine Adresse bekam ich nicht. Er hat mir nie geschrieben, und das, obwohl die Schreiberei sein Beruf ist.

Anderen Tags kehrte ich in die DDR zurück. Also doch 18 Monate Armee. Heimlich hoffte ich damals, dass ich als Grenzsoldat optimale Fluchtchancen erhalten würde. Was für ein Irrtum. Ich kam nur ins grenznahe Hinterland. Zudem gab es ein Stasi-Spitzelsystem unter den Kameraden, jeder zehnte Soldat war ein IM, so dass ein Fluchtvorhaben mit hoher Wahrscheinlichkeit aufgeflogen wäre.

Im Herbst 1988 wurde ich vom Militär entlassen, ein Jahr später fiel die Mauer. Die Erfahrungen der Grenzer am Eisernen Vorhang ließen mich nicht los. Ich schrieb ein Buch. Auch die Österreicher interessierten sich dafür, und so reiste ich zum 10. Jahrestag des Mauerfalls nach Wien. Ich freute mich sehr über die verspätete Begegnung mit „meinem Fluchtland". Während der Buchpräsentation im Volkskundemuseum saß im Publikum ein Journalist, so um die 40. Ich war mir sicher, dass er mich kannte. Seltsam, ihm fehlte diese ungezwungene Lockerheit, die innere Freiheit. Es schien, als befände er sich in einem unsichtbaren Käfig! Gewissen und Freiheit sind Zwillingsbrüder. Beide verhalten sich wie die Gesundheit. Ihren Wert erkennt der Mensch erst, wenn er sie verloren hat.

(2000)

Dietmar Schultke wurde 1967 in Beeskow geboren. Er erlernte den Beruf des Zerspanungsfacharbeiters (Bohrwerkstechnik), 1986-88 leistete er seinen Grundwehrdienst an der innerdeutschen Grenze. Dietmar Schultke studierte nach der Wende auf dem zweiten Bildungsweg Gesellschaftswissenschaften an den Universitäten Duisburg und Dortmund, 1994 arbeitete er bei der UNO in New York. 1999 erschien sein Buch „Keiner kommt durch! Die Geschichte der innerdeutschen Grenze" im Aufbau Verlag. Momentan arbeitet Dietmar Schultke an seinem ersten Roman „Der Greifer im Niemandsland", dem unsere Geschichte entnommen ist.

Uli weint

Im Jahre 1977 lebte ich in beiden Berlin. Ich arbeitete an der Ostberliner Volksbühne mit den Regisseuren Benno Besson und Matthias Langhoff, wohnte in Ostberlin und fuhr manchmal herüber nach Westberlin. An der Friedrichstraße stieg ich in die S-Bahn und kam im Westberliner Wedding-Gesundbrunnen an. Auf der Straße staunte ich jedes Mal und sagte: „Aaa, hier regnet es auch, wie in Ostberlin." „Aaa, hier schneit es auch." Wenn ich vom Osten aus mit meinen Freunden im Westen telefonierte, fragte ich: „Klaus, habt ihr heute auch Sonne im Wedding?"

Als die Mauer gefallen war und ich, wie viele Menschen aus dem Osten, über den Ku'damm ging, traf ich in einem Bus eine Frau aus Ostberlin. Sie schaute aus dem Fenster zum Westberliner Himmel hinauf und sagte zu sich selbst laut: „Und diese wunderschöne Sonne hier."

In den ersten Tagen nach der Maueröffnung liebte ich Berlin: In den Zügen – ich fuhr sehr viel mit dem Zug – fingen die Menschen aus dem Westen zum ersten Mal an, laut miteinander zu reden. Es entstanden Gespräche wie bei Auftritten im Theater: Ein Mann rief zum Kellner im Zugrestaurant: „Einen Kaffee bitte, ich bin frauenfeindlich, wie Oscar Wilde."

Ganz Deutschland war plötzlich wie eine Bühne, zwar wusste man nicht, welches Stück gespielt wurde, aber jeder wollte darin eine Rolle haben. In Westberlin sah man viele Menschen aus dem Osten auf dem Ku'damm, ihre Kleidung passte nicht zu Westberlin, ihre Kostüme sahen in dem schicken Westberliner Bühnenbild so verbraucht aus. Die Menschen aus dem Osten sahen aus wie Schauspieler aus einem Maxim Gorki Stück, die plötzlich ihre Bühne verloren hatten und auf einer anderen Bühne, in der ein ganz anderes Stück gespielt wurde, gelandet waren.

Am Ku'damm hörte ich zwei Franzosen miteinander sprechen: „Pourqoi il y a beaucoup des clochards aujourd'hui dans la rue?"

Der Rhythmus der Stadt hatte sich verlangsamt, Kapitalismus als Zoo, KDW in der Hauptrolle. Am Eingang des Kaufhauses Wertheim stank es nach Fürzen. Die Leute aus dem Osten hatten fremde Lebensmittel gegessen und getrunken, MacDonalds, Döner Kebab, Coca Cola. In der Türkei sagt man: Der Nachbar glaubt, das Huhn seines Nachbarn sei eine Gans, und die Ehefrau des Nachbarn sei noch Jungfrau.
Ich stand an einer Bushaltestelle, vier ostdeutsche Männer kamen mir entgegen, und einer sagte ganz leise zu seinen Freunden: „Hier gibt es auch sehr schöne Frauen.“

An der Bushaltestelle standen ein paar Trabants im Halteverbot. Eine Frau sagte: „Guck mal, die haben sogar ihren Trabant an der Bushaltestelle geparkt. Weißt du warum? Weil sie denken, dass das Freiheit ist.“ Dann zitierte sie Marx. Also keine Westberliner, Ostberliner.
Am Ku'damm, in der Nähe des KDW, fuhren überhaupt keine Autos mehr. Alles war voller Menschen aus dem Osten. Die Müllkörbe auf den Straßen, die früher von den Westberliner Pennern durchsucht worden waren, waren jetzt voll mit Bananenschalen. Ein Westberliner Ku'dammpenner, der wie ein Intellektueller aussah, lief zu einem dieser Müllkörbe, sah die Massen von Bananenschalen und machte eine große Stummfilmgeste der Verachtung. Er legte eine Bananenschale unter seinen Schuh und tat so, als rutschte er darauf aus wie Charlie Chaplin.
Ich ging zu einem Kebabladen, in dem Menschen aus dem Osten zum

ersten Mal türkischen Kebab aßen, es war voll wie bei MacDonalds, nur ein einziger freier Stuhl. Ich fragte: „Darf ich mich zu Ihnen setzen?" Die Frau erhob sich zwei Mal von ihrem Stuhl: „Bitte sehr, bitte sehr", und wollte mir auch gleich ihren Stuhl anbieten, als ob alle Stühle mein Eigentum wären.

Dann stieg ich in einen Bus und fuhr den Ku'damm hoch, ich trug einen Pelzmantel. Eine dicke ostdeutsche Frau setzte sich neben mich auf meinen Pelzmantel. Sie stand sofort wieder auf und rief: „Entschuldigung, dass ich mich auf Ihren Nerz gesetzt habe." „Es ist kein Nerz", antwortete ich. „Gottseidank, wär ja schade um den Nerz", sagte sie.

Ein Penner stieg mit einer brennenden Zigarette in den Bus. Der Busfahrer sagte zu ihm: „Wenn Sie mir Ihren DDR-Pass zeigen, brauchen Sie nicht zahlen." Der Penner kaufte ein Ticket und schrie in den Bus: „DDR-Bürger? Seh ich vielleicht so aus?"

Ich fuhr zu meiner Wohnung in Dahlem. In der Villa nebenan wohnten reiche Verrückte mit ihren Krankenschwestern. Einer weinte laut, und ich fragte die Krankenschwester: „Warum weint Uli?" Sie sagte: „Ach Sevgi, er glaubt, dass er raus muss, weil Honecker bald hier einzieht."

Emine Sevgi Özdamar wurde in Malatya, Türkei geboren. Nach einem zweijährigen Aufenthalt in Berlin besuchte sie von 1967 bis 1970 die Istanbuler Schauspielschule. Ihr erstes Engagement: 1976 an der Ost-Berliner Volksbühne, dann Avignon und Paris. Zurück in Deutschland nahm Özdamar ein Engagement am Bochumer Schauspielhaus an, spielte später zahlreiche Theater- und Filmrollen (u.a. in Doris Dörries „Happy birthday, Türke"). Außerdem veröffentlichte und inszenierte sie eigene Theaterstücke. Ihr literarisches Debüt gab die Autorin mit dem Erzählband „Mutterzunge" (1990 Rotbuch, 1999 Kiepenheuer & Witsch). Nach „Das Leben ist eine Karawanserei" (1992) wurde 1998 ihr zweiter Roman „Die Brücke vom Goldenen Horn" bei K & W veröffentlicht. Sie erhielt viele Auszeichnungen, u.a. 1991: Ingeborg-Bachmann-Preis; 1995: New-York-Stipendium des Deutschen Literaturfonds; 1999: Adelbert-von-Chamisso-Preis. Seit September ist sie Berlin-Poet.

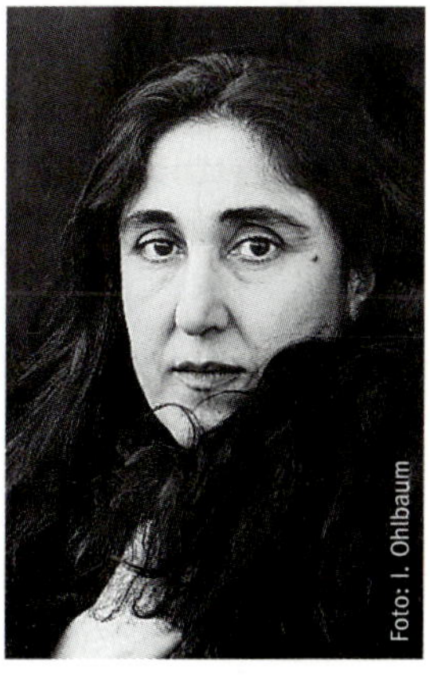
Foto: I. Ohlbaum

Ari Plikat, Jahrgang 1958, geboren in Lüdenscheid, Studium Grafik Design in Leeds und Dortmund. Seither als Freier Cartoonist, Illustrator und Katzentrainer tätig...
Veröffentlichungen u. a. in „Zitty", „Eulenspiegel", „TAZ", „Tagesspiegel", „vorwärts", „Der Rabe"...
Das neue Buch „Sex mit Ari Plikat" erschien im September 2000 im Schwebefähre Verlag.